不完美，又如何

從懷孕到哺乳，從高品質陪伴到隔代教養，
以親身經歷描繪角色轉變與自我發現

新手媽媽第一年！

蔣曦 著

專為新媽媽們量身打造的育兒手記
詳細記錄從懷孕到育兒這段旅程的點點滴滴
尋找個人與母親角色間的平衡，
享受多重身分帶來的喜悅與挑戰！

本書不僅是一本貼心的育兒指南
更是一份關於成長、愛與自我發現的禮物——

目錄

目錄

目錄

推薦序
當媽啊，首先得自己爽

有次講課時，結束後有個學員跑過來說：「崔璀，妳知道我是被妳哪句話觸動的嗎？是幾年前妳的一次分享，妳說，當媽媽啊，首先是要自己爽。那一刻，我感到自己被釋放了。」

跟她一起來的還有她的兒子，她說她的兒子非常喜歡看我的線上課程。

那個小男孩八歲，長得很好看，我們合照之後，她貼著兒子的耳朵說：「開心嗎？」

小朋友點頭，看得出來，他們母子關係很好。

在現場，我被他們之間流淌的鬆弛且積極的情緒打動了。

當媽媽，首先是要自己爽。

這句話，是我在幾年前的一次分享中提到的。我不知道它被多少人聽到，也不知道除了那個女生，是不是還有第二個人被這樣觸動過。

但哪怕只有一個人，我也很高興。因為我很理解她說的那種釋放感。

推薦序　當媽啊，首先得自己爽

　　我是 2014 年當上媽媽，休了近半年產假。多半時間，我過得非常不快樂。

　　當然這中間有很多激素的影響，以及對這個身分的不適應。但我在很長時間以後才意識到，其中有一個重要的原因是，我感覺失去自己的價值了。

　　那段時間，我跟世界處在兩個節奏中。

　　生孩子前帶的實習生都快要升主管了；代理 CEO 替代了我的職位。我很抗拒看社群媒體，因為交友圈裡的每個人每天都在進步，而我的生活，卻陷入了某種停滯狀態，每兩個小時還要給寶寶換尿布、餵奶。所有人跟我的對話僅限於：孩子睡了，你趕緊休息；多喝湯，產奶；奶水夠嗎？寶寶哭了，是不是餓了？

　　我記得有一次，我老公下班回家，他說：「老婆，我回到家，看到你在床上看書，嬰兒在旁邊睡著，真是歲月靜好。」

　　我當時心裡的第一個念頭是，你是 CEO，我也是 CEO，但我現在的生活，只剩下歲月靜好了（還只是表面的）。

　　那個時候，我過得很不舒暢。看著鏡子裡，一個蓬頭垢面的女生，胸前總是有奶漬，大黑眼圈掛著，因為睡眠不足，整個人都是浮腫的。我好像進入了一個黑洞，找不到自己的位置。

後來我回想起來，覺得這事怪不了任何人。所有問題的核心，是我不夠了解自己。

　　我是一個典型的成就驅動者，對成就感（主要是工作上）的追求，是我每天醒來的最大動力。

　　在不了解自己的前提下，我順應了一個社會對於女性的標準要求，要餵奶，要安心養身體，要時刻關注寶寶，要做好人肉奶瓶，要……當一個好媽媽。

　　但我忽略了一個問題：我自己要什麼。

　　就是在那個時候，埋下了未來創辦 Momself 的種子，因為我心底一直有一個聲音：我是媽媽，沒錯，但我也是我自己啊。

　　後來有了 Momself，江湖上也有了不少從我們這裡傳播出去的「邪門歪道」。比如，開頭提到的那句「當媽媽，首先是要自己爽」。

　　這句話的意思是，一個女生成為媽媽、照顧孩子的前提是先把自己照顧好，確保自己以擅長、愉悅的方式「成為媽媽」—— 畢竟，這是一件終身且不可逆的事情，彆彆扭扭肯定做不好。

　　這句話得到了很多女生的認同。她們用力地點頭。

　　我知道，她們這樣猛烈地認同，是因為「先滿足自己，

推薦序　當媽啊，首先得自己爽

再成為媽媽」這事非常不容易。

因為它跟世俗意義的「正確」背道而馳啊。

就像蔣瓴在本書裡寫的，從成為媽媽開始，她不斷聽到的是「妳不親餵啊？」、「妳不堅持親餵啊？」、「妳不去哄孩子嗎？」、「孩子這麼小，妳就帶著她亂跑嗎？」

甚至連孩子要不要穿襪子這件事，都被無數來探望我們的長輩輪番教育。現在回想起來，在這種小事上，為什麼不能放過媽媽、信任媽媽呢 —— 關鍵是，穿不穿襪子，又有什麼重要的呢？

媽媽這個身分，承載的是「正確」和「偉大」。所以當一個年輕媽媽說出「我想先睡一會，別叫我」、「我不想餵奶了，太痛了」，她內心多數時候是戰戰兢兢的，我錯了嗎？我自私嗎？再配合外界的聲音：「哎呀，都當了媽媽了，還像小女孩一樣脆弱。」、「哎呀，哪有你這麼當媽媽的。」

內外相加，試問有幾個人能心平氣和地堅持做自己 —— 這個做自己，也沒有什麼多高深、偉大的意味 —— 就是「乳頭破了，太痛了，不想餵奶了」，就是「連續夜起，真的太睏了，想多睡一會。」

只是想順應自己身體的感受罷了。

「先滿足自己」不容易辦到的另外一個原因，跟我們的固

有思想有關。我們從小接受的教育是「吃得苦中苦，方為人上人」。這句話本身沒錯，但這句話成立的前提是：如果一件事，順應了你的優勢，你持續練習，日復一日，吃得苦中苦，一定會成為人上人。但如果這件事不適合你，或者你做的方式不適合你，那就真的是……純粹在吃苦了。

比如說，有的女生完全享受全心全意照顧孩子，這就很好，那麼她會成為一個非常有成就感的媽媽，愛孩子、研究輔食、講睡前故事，心平氣和，被愛滋養。

成就感這個東西，只有自己說了算。

而很顯然，我不是。

由於經歷了並不愉悅的產後時光，為了空明白我自己，很長一段時間，我堅持寫「優勢覺察日記」，想看看在什麼時刻我最有成就感，做什麼事情時我最容易進入「心流狀態」，做完哪件事之後，我還想再來一次。

我的成就感，來自讀完一本書，想通了一個問題，並清楚地把它分享出去，幫助到別人；我的成就感，來自帶領一個團隊從零到一創造些什麼；我的成就感，來自越來越多的使用者因為我們的產品而獲得更通透的人生。

如果我對自己有更早的覺察，那麼我可能會選擇產後兩個月就上班，儘快找回屬於自己的成就感。

推薦序　當媽啊，首先得自己爽

　　因為對我來說，背奶上班、孩子在旁邊哭鬧時見縫插針地寫文章、做方案，都不是問題 —— 蔣畋老師有一次問我：「妳孩子還沒斷奶妳就到處出差，孩子怎麼辦啊？」

　　我說：「到處找地方擠奶啊。」

　　這些不會困擾我，因為在我的成就感面前，它們都是能被解決的問題。

　　於是，在我兒子小核桃兩歲那年，我選擇創業，做了一個女性平臺 Momself —— 也是因為它，我跟蔣畋老師相遇，她也成了我們平臺一位高品質的作者。

　　或許你會問：「滿足自己」就萬事大吉了吧？

　　哦不，我們會遇到持續的質疑：

　　孩子這麼小你就創業？

　　當媽媽了，要以家庭為重。

　　你看別人家媽媽，對孩子照顧得多細膩；

　　你看別人家媽媽，賺錢可賺得真不少；

　　…………

　　生命不息，質疑不止。

　　但是相信我，別人的意見從來都不是你生命中的重點。

　　我們最重要的事情，是了解自己、滿足自己，發掘自己

的天賦優勢，知道自己的「天命」在哪裡 —— 人活一生，總是要做點正事的。

只要找到你喜歡並擅長的事情，滿足自己，再加上一些毅力和努力，我們每個人，都會擁有自在的人生。

現在我兒子已經快八歲了，我也創業五年了，在滿足自己這條路上不斷折騰 —— 甚至特地做了一個新專案「優勢星球」，來幫助大家發掘優勢滿足自己。每天想的都是商業模式、團隊效率，我很久不寫關於媽媽的文章了，也許是因為，我已經在做自己和當媽媽之間找到了某種平衡 —— 蔣畹老師像是接過了這個接力棒。

她當了媽媽，一個不斷在覺察自己，始終熱愛生活的媽媽。她把自己對於母親這個身分的理解寫成了這本書，於是江湖上又多了一個女生，用自己的生活經歷告訴大家，別怕，我們先做好自己，就一定會成為一個好媽媽，因為我們每個人，天生就是一個好媽媽。

祝你當媽媽自在，祝你做自己更自在。

崔璀

（Momself 創始人、優勢星球發起人，
著有《做自己人生的 CEO》、《媽媽天生了不起》）

推薦序　當媽啊，首先得自己爽

自序
人竟然能造出人

　　當妳成為了媽媽，大多數人會說「恭喜」；已經成為媽媽的，會對妳說「辛苦了」；剛剛成為媽媽的會再加一句「別為難自己」。

　　她們比我早一步做媽媽，剛剛從原始餵養中逃離或者還在進行中，有一些記憶猶新的餵養心得，她們叮囑我「千萬不要跟自己較勁，請人幫忙，父母或是月嫂」。

　　有個朋友，在我生完孩子幾天後，跟我要地址，說要寄禮物。我說：「不要啦，寶寶的東西夠多了。」她說：「是給你的，你辛苦了。」沒過多久，我收到一條微笑項鍊和夾在裡面的一張紙條：無論何時，記得微笑。

　　「新生兒第一年相對簡單啦，孩子不是睡就是吃，吃也無非是到媽媽身上吃。」懷孕的時候，有人這麼寬慰我。

　　直到女兒將近一歲，我一想起這句話都會覺得這謊真是撒到南半球去了 —— 何止是睡和吃啊，還有許多的表情、變化、故事，意想不到和意料之中，大多是毫無秩序的雞毛蒜皮。也許因為太細太碎了，也許因為新手媽媽太疲倦了，總

自序　人竟然能造出人

之，反而沒有人好好記錄過這一年。

但真的只有屎尿屁嗎？

「感覺我離那個年代很久遠了。」

因為我是大齡產女，身邊朋友早已是大孩子的爸爸、媽媽，他們最感慨的就是：看似細碎的小事，卻是那個特定階段的財富，也是新手爸媽們不能輕視的。

有些人生經驗是沒用的，因為你不會經歷第二次。但作為「經歷」來說，是值得的。「經歷」分為兩種，一種是主動爭取來的，比如讀書、旅行、跳槽……一種是被動接受的，比如坐月子、奶娃 ── 對我一個高齡意外懷孕，還沒做好準備的人而言。

《女人，四十》裡說「人生是很過癮的」，回過頭來想想，也許是對的。

我很快進入了狀態，養娃，也養自己，甚至比「瀟灑的文藝青年」時代更好。

很多人說「你能做這麼多事，因為你強大啊」、「還不是因為你有媽媽和婆婆幫忙」、「你能接受喪偶式育兒，還不是老公賺得多」。以前我總是解釋，是哦，也許是我運氣好吧；哎呀，我老公賺得就很一般啦。後來我發現，生活中就有那麼一些人，對一丁點的困難都會再三強調，卻幾乎不願意去

回想自己的幸福時刻。非得這麼想的人，注定難以取悅，也是不會成功的。人生的任何一個階段，都有無數值得他們抱怨的事情。因為，他們的世界觀裡是沒有自我追求的，最好一路坦蕩，老公賺大錢還能陪著你，婆媳關係良好還能發紅包給你，孩子生病有醫生朋友，出門旅遊有免費酒店……事實上，就算真的這樣，還有他們覺得不順心的事情呢！

再進一步說，這種想法的底層邏輯是：他們認為幸福是本應該得到的，從不想著幸福是爭取和努力來的。

哪有什麼好事是天上掉下來的。

生孩子是不能有功利心的，因為付出和得到肯定不對等。偶爾可以給自己一點甜頭，比如，我一直覺得，如意大概是來渡我的，因為她的到來迫使我規律合理地攝入營養；比如母乳餵養，除了疼痛，隨時都有堵奶、乳腺炎的風險，也把我死死拴住，哪裡都去不了，但能幫助乳房二次發育，有助於乳腺結節的疏通。當然，它們不是目的，你不可能因為這些才想要生個孩子。

陪伴，其實是非常私人的事情，而且細碎磨人。

媽媽，從來不是為了別人的眼光而做。《無聲告白》裡說得好：我們終其一生，就是要擺脫他人的期待，找到真正的自己。

自序 人竟然能造出人

　　我媽媽跟我說，人三歲之前通常沒有記憶，養小孩剛好陪他重新長一遍。但小孩不是複本，他有自己的秉性和意志。太神奇了，人竟然能造出人。

01 肚子裡的陪伴

如意是個普陀山寶寶。

背山、面海、紅塵、佛燈、僧尼、俗人、光鮮、清寂，沒有一個地方能像普陀山，同時容得下這些截然相反的意境。

我在普陀山生活了近一年。

在這之前，我一個人過著「大齡單身女子」的生活，直到臨近 35 歲的那年春節，我想去普陀山最後一搏 —— 聽起來很壯烈，其實是想借菩薩之力，給自己最後一線希望。結果，到那的第一天我就和入住酒店的總經理互生好感，三個月後我們就舉行了婚禮。

杭州到普陀山車程約四小時，最後一段是渡輪，算不上便利，加上普陀山住宿條件有限，直到婚後一年，我才處理好杭州的工作，上島休養、寫作、陪伴老公，也是在這段無憂無慮的時光，我突然懷孕了。

我覺得這大概是菩薩的意思，於是為肚子裡的孩子起名「如意」。

沒有商場，少有廢氣，一過晚餐時間，整個島就靜了下來，只有滿天星斗。島上的日子，我「帶著」從胚胎到胎兒日漸長大的如意，拜訪僧人，和比丘尼喝茶，聞大海的味道，在古樹下大口呼吸。夏日，我在老陳的宿舍裡酣暢淋漓地睡午覺，這段時間肚子明顯大了，說是睡覺最養人；秋夜，我和老陳一起從他工作的酒店走回宿舍，一面是山，一面是

海，不知道如意會不會天生帶有佛性。

和未曾見面的如意在一起的生活晝夜分明，閱讀、寫作、交談、散步、飲茶，天天做飯，少喝咖啡，再不飲酒，偶爾會懷念酒後大腦放鬆的感覺。

普陀山醫療條件不如人意，每個月出島產檢。因為狀況良好，沒有孕吐，除了平日裡特別小心，提防摔跤，避免勞累，生活並沒有發生實質性的變化。頭三個月一過，我便「帶著」如意四處蹓躂。

懷孕 4 個月

普陀山無疑是如意天然的遊樂場，她剛在肚子裡四個月的時候，我和老陳斗膽爬了一趟佛頂山拜會智宗法師。

過去，爬上 290 公尺的佛頂山用不到半小時，而如今，九月天熱，肚子裡還有個小生命，我們預留了一小時。

「慢慢爬，總能爬上去的。」老陳說。

爬山就是這樣，一開始都累，連腳步都邁不出去，到中段後就習慣了，像是「二十一天改變一個習慣」理論。我心裡有數。

上下山一個來回，全身溼透，卻又全身舒爽，給了我「帶球浪蕩」的信心。一個月後，我們去了一趟「必吐」的東極島。

懷孕 5 個月

　　彼時，我應邀出席寧波柏悅酒店一年一度的美食美酒之旅，第一天在酒店晚宴，次日出發去被稱為「必吐」的東極島，參觀大黃魚養殖基地。

　　所有人都在問「你行嗎？」

　　我望望老陳，他就像一個月前肯定我能爬佛頂山一樣，說「你沒問題的。」

　　酒店為我們購買了樓層最高的艙位，視野好、價格高，卻沒想到空間狹窄。剛登船，就有同行者頭暈。我趕緊閉目養神，睜開眼睛時欣喜地發現，還有二十分鐘就要靠岸了（航程約兩小時）。這時，同行者開始感到強烈的不適，先是嘔吐，又說是胸悶，驚動了管理人員。然後，我也開始吐了。吐一回還不夠，又來一回。直至來到中間艙稍作休息，接著船也靠岸了。

　　若是過去，暈船根本構不成什麼心理壓力，畢竟，吐出來就舒服了。但現在要考量的是，肚子裡還有個小生命啊！都說孕婦是最脆弱的，她的心裡有無數個「萬一」。我也是，整個腦子裡想的都是「孩子會不會被吐出來」，然後又自我安慰，人家孕吐的，都要吐上兩三個月呢，我吐這一回算什麼呀。

　　我躺在床上，本來不太動的小生命不停地竄來竄去，我

第一次有了母子連心的感覺，她似乎也在心疼我，或者說，安慰我：「我很好，妳不用擔心。」

懷孕 6 個月

六個月的時候，考量到產檢逐漸頻繁，我輾轉在不同城市，自己家、父母家、婆婆家，其間還跑了一趟溫州，因為好朋友在溫州威斯汀酒店上任總經理。

去溫州是好多年前的事，即使現在有了高鐵，溫州依然是個遙遠的地方，車程將近三小時。看望好友之餘，登船去了一趟江心嶼 —— 大的叫「島」，小的叫「嶼」。

人還在甌江上游移的時候，就能看到矗立東西兩峰之巔的雙塔，這是溫州的標誌，自建成伊始至清光緒年間，它們作為「燈塔」引導過往船隻。而燈塔，一直賦予海上人希望。

生活的束縛是一種常態，時刻向我們發起攻擊 —— 我成了那個被萬般叮囑要小心的孕婦，儘管我步履輕快，毫無孕相。正因生活的逼仄構造，我們才對燈塔投注了遼遠的懷想，那束孤獨的光可以洞穿此刻的迷茫。

回到杭州後，我馬不停蹄地去了一趟富春江邊。

因為〈富春山居圖〉，富春江籠罩著一層超然物外的仙氣。峰巒坡石，雲樹蒼蒼，疏密有致，景隨人遷，人隨景移，這裡一直是中國文人心中理想的隱居之地。經過了這

一場御風而行，抵達酒店「方外」。「君子敬以直內，義以方外」，連酒店名字也帶著一份詩意。

我住的房間叫花青，「花青」指的就是門口的楓樹。方外的禮士解釋，因為楓葉裡含有「花青素」，它和葉綠素正好相反。隨著天氣轉涼，楓葉中花青素的含量逐漸增多，從而使樹葉變成紅色。

高貴的人才分得清季節啊。

彼時我正在學日語。說好聽點是胎教，說功利點是幻想能給孩子一個日語環境，儘管我不能把自己未完成的夢想強加於她。

不知道這趟旅行算不算胎教。

對於日本人，季節感是判斷一個人出身和氣質高貴與否的試紙。因為，只有良好的教育、安穩的環境，才能培育出足夠敏銳的對季節的感受和表達。在不少日本古典文學作品裡，主人翁的那種優越感，不只建立在作者的出身，還來自他們對於季節感的敏銳度。

懷孕 7 個月

十二月初，懷孕七個月的時候，由於工作需求和不安分的心，我乘坐高鐵前往九華山和南京，前後一週的時間裡，每天步行兩萬步。

九華山和普陀山都位列四大佛教名山，前者是地藏道場，後者是觀音道場。如果說，觀音信仰能減輕現世苦感，彌勒、阿彌陀信仰能維持對來生的憧憬，地藏則管得寬泛得多──既管生前，也庇護死後，被廣泛供奉，就算在民間庵堂裡，也可以看到他和城隍、土地信仰交融在一起。

普陀山的佛頂山尚且能靠老陳一句「你可以的」順利登頂，九華山就不是「走走就能走到」的了。九華山景區分散，索道線也多，分別通往天臺、花臺和百歲宮。比如天臺峰，海拔 1,306 公尺，光是坐索道上山單程就需要十二分鐘。下了索道還得再靠雙腿往上爬，腿腳好的，一個來回也需要半個多小時。我挺著個大肚子，要是沒索道，就不太有信心了。

索道和步行並行，肉身寶殿的八十一級陡峭臺階我硬是慢慢踱了上去。在肉身寶殿，因為發了一則貼文，我收到一位久未聯絡朋友的訊息，她說，懷孕六個月的時候孩子沒了。

不知道該說什麼，只回道「正好在肉身寶殿，我為你祈拜一下吧。」其實，我也怕，尤其是離開城市來到山裡，遠離醫院的時候，「頭三個月過去就安全了」不是真的，沒人敢為生孩子這件事打包票。下山回到酒店到吃晚飯之間還有一段時間，我被強行要求躺下休息。只覺胎動無比頻繁，大概是離開熟悉的環境後的興奮，這會是一個喜歡新鮮事物的孩子吧，我想。

我後來看到粲然寫過一個關於肚子鼓鼓的浪花的故事，雖然寫的是分離，但浪花特別像那時候的我 —— 對每一朵浪花來說，環遊世界都是它們至高的人生理想。可是，鼓起肚子的浪花卻走得很慢，每翻過一塊岩石、輾轉一個岬角、穿越一片海峽，都得小心提防、畏首畏尾、囉哩囉嗦，一點都不像無邊大海裡自由奔騰的浪。

我和肚子裡的孩子一起承擔每一步旅程，雖然瀟灑，總也會心有不安。如今這個時候，我不能再出去浪了，就想著快點見到這個小玩意，你來到世界上，我們才可以一起繼續玩耍啊。

　　有天夜裡，好友馬瑤傳了高木直子《新手媽媽的頭兩年》的圖書連結來，評論裡很多人都提到「想到高木突然結束了那麼多年的單身生活，總感覺非常不可思議。」我突然想，是不是很多人也沒辦法接受有了孩子的我呢？所有人都在說「最後一個單身文藝青年的榜樣倒了。」

　　「一個人」系列在不知不覺中已經告一段落，但兩個人、三個人的故事才剛剛開始。

02   哺乳，最原始的陪伴

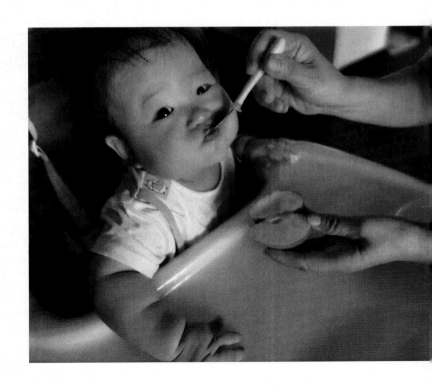

現代餵養不強調事事正確

如意出生後的第一個月，我們住在月子中心。我不被允許用電腦，手機也只能偶爾必要時使用，生活只剩下吃飯、睡覺和餵奶，每天早上睜開眼的心情和憂鬱症患者差不多，找不到任何起床的動力。

媽媽是個偉大而神奇的角色，無論哪個年齡當媽媽，都是沒有過渡的：上一刻還是自由散漫的少女，下一刻必須是忘我而全心付出的媽媽，理由就是「因為你是媽媽」，這是社會的思想。而我，完全沒有所謂的母愛噴發，面對眼前一團軟綿綿的肉，連抱抱的欲望都沒有。

和女兒唯一的接觸就是餵奶。

而餵奶，也是我遇到的第一個難題，比起二十分鐘順產一個孩子，餵奶的漫長和難處，是我完全沒有預料到的。

右面的乳頭被咬破了！

每次餵奶都扎心的痛，自我鼓勵一點用都沒有，因為一天裡有將近十次這樣的疼痛。沒有結束哺乳的盼頭，說服不了自己「忍忍就過去了」。忍過、哭過後，我做出決定：右側改成瓶餵。用吸奶器把奶吸出後，裝進奶瓶再餵。

本來以為問題得到了解決，第二天，如意出奇地鬧騰，我因為疼痛、心煩，以及產後雌激素下降，發了一頓脾氣，奶量銳減。因為吃不飽，如意鬧得更是厲害，如此惡性循環了一下午，我開封了準備好的奶粉（一般來說，孕婦臨產前都會準備一罐奶粉，以備開奶不順利）。

「母乳」和「親餵」是大多數媽媽的執念，和順產一樣，很多媽媽發自內心覺得，如果不能讓寶寶在自己身上吸，就失去了做母親的意義。而我恰恰在產後沒多少天的時間裡，同時拋棄了這兩項。

在月子中心，來往的人裡就有人說：「乳頭咬破結痂後，就沒那麼痛了，你應該堅持讓寶寶吸啊。」

或者是：「每個媽媽都會經歷這樣的疼痛的，還有更嚴重的呢，比如……」

她們會舉出最慘的例子，彷彿要我覺得自己有罪。

我對餵養沒有執念，有的只是本能：我不想再痛下去了。

以及，奶瓶和奶粉沒有什麼不好。

「寶寶吃了奶瓶就不要乳頭了」、「寶寶喝了奶粉就不要母乳了」，我也對此有所耳聞。只是，現代餵養不強調事事正確，餵養本來也沒有絕對原則，媽媽和寶寶都應該在一次次嘗試中尋找最適合彼此的方式。

第二個難題是，我的奶水到底夠不夠吃？

生完孩子在醫院的三天，每天醫生來查房，都說我奶水很充足；一來到月子中心，月嫂卻說我奶水不是很多，最好加奶粉。

新手媽媽在沒有一個固定標準的情況下，常常動搖且不自信。有時候，如意哭得厲害，我自己也不禁懷疑：她是不是真的沒吃飽呀？

只有老陳堅信我的奶水肯定夠。他幫如意換尿布，再抱抱她，如意就不哭了。然後，老陳對我說：「她哭不一定是餓啊。」

人們對奶水有一種很奇怪的執念，好像女人沒奶水或者奶水不多就是哪裡不對勁，她就不是個好媽媽，不是個正常的女人。不僅是中國，在日本，《坡道上的家》這部電視劇裡，女主角好幾次因為不能母乳餵養而自我否定；在英國，作家瑞秋・庫斯克（Rachel Cusk）遭到了護士的否定，被質疑

「乳汁有問題」。而當她轉到醫院時，醫生則認為寶寶完全健康 —— 這和我的境遇很像。

我對是否母乳餵養並沒有執念，但還是很反感聽到「是不是沒吃飽啊」、「你奶水夠不夠啊」之類的話。

老陳用他做酒店管理的邏輯幫我分析 —— 月嫂有考核標準，無非是寶寶體重在長，而奶粉比母乳更容易長身體。而且，餵奶粉方便呀，45 度現成的水一沖，幾分鐘就搞定了。在身上親餵少說也得二十多分鐘吧。

「雖然我們不能完全以這樣的眼光去看待月嫂這個行業，但是，你得有自己的堅持和信念。」老陳走前叮囑我。

第三個難題：塞奶。

在月子中心的如意還小，力氣有限，每次就吃一點點「寸奶」，夜裡找不到乳頭就大發脾氣。有天半夜，我還在迷迷糊糊中，月嫂把如意抱了過來。那個時候，她還是臭脾氣的倔強女高音，不僅不好好吃奶，而且全身都在舞動，氣得我推了她一下，她哭得就更凶了。

而我又處在頭三個月的泌乳高峰期，兩小時不到就脹奶，不確定該叫醒她還是等她。既然如此麻煩，一到夜裡，全靠吸奶器，吸完就往桌子上一丟，反正有月嫂洗乾淨拿去消毒。至於寶寶什麼時候要吃奶，吃多少，不關我的事，月

嫂會把擠出來的奶加熱後餵她。

因為長期吸不乾淨，我遭遇了乳房根部疼痛、乳頭長白泡，為了避免乳腺炎，臨時加辦了一張無限次通乳卡。

遇到負責任的通乳師是福氣。

「你要知道，寶寶才是最好的通乳師，其次是我們，然後才是吸奶器。」這是我的通乳師一直跟我說的，她從來不說「你得多來我們這裡通乳啊」、「不辦卡不行啊」之類的話。

月嫂也是，她告訴我一定要學會讓寶寶在身上吸。

儘管這樣，我每天都在想：什麼時候可以斷奶？

直到出了月子中心回到家，我突然覺得，如果依賴吸奶工具，那夜裡我得清洗多少瓶瓶罐罐啊？我打算開始親餵。

夜裡塞奶，我被送進了發熱門診

有過餵奶經歷的人，都對「你只要生孩子，我們來幫你帶」這句話表示深惡痛絕，因為那是一句人間謊言。

餵奶，從來都不是把乳頭塞進寶寶嘴裡就結束了這麼簡單。哪怕是養成了良好的餵養習慣，開始並習慣親餵，我也因為一次發脾氣而塞奶發高燒，夜裡被送醫院。

有天夜裡，我突然摸到右胸有一個大硬塊，心想糟了，

塞奶了。正好如意醒了，趕緊讓她吸，一邊吸我一邊揉硬塊。如意從沒這麼配合過，光一邊就吸了二十分鐘，然後，硬塊就沒了。

我也特地學了自己戳白泡的本事，從通乳師處要了些一次性小針，以便在夜晚出現狀況時自己戳。戳白泡是不痛的，只要眼睛不花就沒事，戳完後塗點金黴素眼藥膏。

但下一次就沒那麼幸運了。

一天晚上，乳房根部痛，如意一口都不肯吸，而我全身發冷打冷顫。這一系列的現象過後，我就發起了高燒。我帶上吸奶器和一大罐開水，去了醫院。

「乳腺炎」，我鎮定地對護士說。

故事聽多了，便不會糾結於到底掛什麼科，也不會懷疑是不是得了新冠。

這是我第二次半夜去婦幼保健診所。上次是生孩子，是有期待的，終於可以卸貨；這次是一臉茫然：我怎麼就中招了！

我的胸不大不小，奶水不多不少，是最理想的哺乳狀態；同時，為防萬一，我辦了無限次通乳卡，天天去通乳；為保護乳腺管，堅持親餵。到頭來，真的是蒼天饒過誰啊！

我邊吸奶邊等乳腺科的急診醫生來，同時安慰自己：這

都是素材啊！

　　只是，把黃色的奶水全部倒掉的那一刻，我哭了。我不知道是心疼奶水，還是覺得沒能給如意吃很可惜，儘管她毫髮無損地在家睡著，冰箱裡有成櫃的凍奶。

　　然後，體溫就降了。

　　醫生也就是摸摸，告訴我有結啊，有點堵啊，我也知道。醫生問：「你不會手動擠奶嗎？」我說：「是啊，要不然你教教我？」醫生說：「我可沒空。」

　　我說：「不打點滴了吧，狀態還行。」醫生說：「行，開盒退燒藥和消炎藥吧。」

　　藥還沒吃，燒就退了。

確定是媽媽

　　「讓寶寶吃幾天奶粉，把她的胃撐大，她就能在你身上好好吸了！」真不敢相信，這是一家市級婦幼保健診所醫生說出來的話。前幾天夜裡的急診室，醫生親口這麼對我說。

　　社會發展到現在，餵奶早就不限於親餵，你可以把奶水擠出後凍起來，要餵奶的時候化開，裝奶瓶；或者生孩子的那一刻就打針，第一口就吃奶粉，也沒什麼不好。但我還是

堅持親餵，儘管這的確限制了我的自由。

瑞秋・庫斯克把乳房形容成「寶寶唯一的安撫與營養源」。於我，親餵還有這些功利心 ——

第一，很方便。隨時隨地，只要我脫掉衣服就能搞定。不像奶瓶，要倒奶進去，再溫奶，吃完後還得洗奶瓶、消毒。

第二，**寶寶的吸吮能幫我疏通乳腺**。對中年女性來說，乳腺結節、小葉增生是個普遍現象，而懷孕和餵奶其實是乳房的二次發育。既然我選擇了生孩子，那就盡可能占點便宜呀！何況這位通乳師還是免費的。

第三，**寶寶在身上吸吮有助於解決供需平衡**，只要你們配合默契。人的結構真的很神奇。

最後，母乳餵養真的是媽媽和孩子最親密的接觸，以後都不可能再有。她會在吃奶的時候突然停下朝你看看，確定是媽媽後，又安心繼續吃 —— 這是一段獨一無二的經歷，也是極好的素材 —— 人活著，任何經歷都是素材。

值得慶幸的是，揚言「三個月一到就斷奶」的我，很快就非常享受親餵了。

「你出去玩吧，反正家裡有凍奶，我們來餵她。」我媽和婆婆這麼跟我說時，我是絕對不同意的。

「我會算好時間回來，必須等我自己餵她。」因為，誰都沒有她在我身上把我吸通來得舒服，小寶寶的舌頭很軟，隨著她「吧唧、吧唧」的吃奶節奏，原本脹得跟石頭似的乳房漸漸軟下去，變得輕盈。

而且，如意兩個半月的時候，我就能睡小半個整覺啦。

雖然我會在四個小時左右醒來內心糾結一下「到底是先把奶吸出來，還是等她」，雖然有時候也會不太平衡，比如有一晚吸出 200 多毫升，事實上如意只需要 130 毫升；比如她吸完後呼呼睡去了，我覺得還有殘餘。但六十多天的寶寶能五小時醒一次，真的得感恩戴德。

最爽的一次是，我和她一起在晚上十點多睡下（目前還是分兩個房間，我媽和婆婆輪流陪睡，我不是個盡責的媽媽，她在我旁邊我睡不著），一覺到凌晨三點。我被隔壁哭聲驚醒，衝過去，扒開衣服，二十分鐘餵完，我繼續回去睡到七點。

我也擔心過會不會脹壞，但我的朋友暖媽，一位三胎媽媽給過我一些鼓勵。她的大女兒在兩個多月的時候能睡八小時，她從不吸奶，都是安靜地等寶寶醒來，她堅信母乳親餵能夠供需平衡。

總結幾點我自己的心得，也希望對你有幫助。

保持愉悅的心情真的太重要了。

如意一個半月的時候，因為塞奶，我進過一次醫院。在等醫生的時候，我自己揉了揉奶結，把奶擠出來後高燒就退了。事後我回想了一下，如意有好好吸奶，我也堅持天天疏通，按理來說不應該啊！只有一個原因，前天中午和家裡人吵架，傍晚，乳房根部就痛了，第二天便發燒了。

泌乳這件事，其實是受大腦控制的，一生氣，回奶不說，還得塞奶。

自那次後，我瞬間就豁然了，能有什麼事值得生氣啊，到頭來遭罪的是自己，你的生氣對象毫髮無損。

其實，不僅哺乳如此，人生亦如此。

身邊有幾位精神榜樣也很重要，渡渡鳥稱其為「共同體」。很多事情，只有共同經歷過的人才具有可信性，而那些在你身邊，本來就為你所信賴的共同體又遠比社群媒體更讓人受用。

暖媽是其中一個，她也是我在生育這件事上邁開第一步的啟蒙者。

我們認識的時候，她剛剛生完二胎。她讓老二採取了和老大截然不同的餵養方式，一個純母乳，一個純奶粉。在「母乳餵養好」的大環境下，她不可避免地受到了很多質疑。但她認為「現代餵養不強調事事正確」，無論自己的體力、對

老大的關心，還是工作，都讓她覺得第二個孩子再進行母乳餵養不是合適的選擇。

後來，在我生完如意後一個月，她又誕下了老三。公平起見，她依然採取奶粉餵養。媽媽休息好，寶寶建立良好的作息，奶粉餵養並不是媽媽自私的表現。

普陀山認識的 Patty 兩胎親餵的事蹟也很鼓舞我。

一胎女兒餵了 16 個月，二胎兒子餵了 21 個月。塞奶的時候，她就讓寶寶起來幫她吸；寶寶長牙的時候，她就邊餵邊跟他們說「輕一點哦，媽媽會痛」，兩個孩子一個都沒咬她。她說，別以為孩子小，不懂，他們真的什麼都懂。

Patty 是個在事業上特別成功的美女（是真的美），同時又把孩子餵養得那麼好。那次聊完，我回想了一下自己，如意鬧，我發飆；如意不吃，我推她，難怪她不配合我呀！

明明想斷奶的我，卻選擇了追奶

如意五十多天的一個凌晨，我媽抱她下來。基於一月哭、二月天天鬧，睡得安穩的如意反而讓我媽有點緊張。

「睡四個多小時了，還不醒？」客廳裡，我媽碰到剛擠完奶的我。

我說，那是好事呀，你就讓她睡。

自那之後，如意夜裡鬧覺的時候少了，一般八點多睡下，只需要在凌晨一、兩點的時候餵一次，下一頓可以撐到凌晨五、六點，對於早起的人來說，五、六點也不算早了。我也跟著睡，四、五個小時不餵奶、不擠奶也不覺得難受。

七十多天的一個晚上，她照例八點多睡下，我比她稍微晚點，餵完奶洗澡，手動排奶，九點睡覺。結果，再次醒來已經是凌晨四點半。

天啊！我睡了一個完整的覺！

我開心得不行。

那時，我僅僅是醒來，不是尿急也不是脹奶。

既然醒了，那就擠奶吧。胸很硬，但不妨礙擠奶，既然乳腺管通暢，我又睡了。直到七點半醒來，不好，左胸側面開始痛了。那個地方本身就有個小結，平時感覺不到，這下脹了八個多小時，就不行了。

例行去通乳，通乳師一摸：脹太久啦！結塊變大啦！她知道我是那種擔驚受怕的性格，於是建議我去買消炎藥。

我沒有很擔心，只是晚上定了個鬧鐘，五個小時後起來擠奶。痛感依然有一些，但乳腺管通暢不塞奶就沒事。

轉折在幾天之後的夜裡，我突然發現，擠出來的奶比平

時少了一半。白天，如意好像也不怎麼能吃飽。

脹奶後，奶量肯定會減少，這也是回奶的原理，只是，我糾結了。

夜裡一點半，我在床上，怎麼也睡不著。

現在五月，天氣合適，加上奶量本來就少了，如果趁機斷奶，我不用受苦，聽上去是最佳時候。而且，這不是我一直想要的嗎？如意剛出生沒多久我就想著三個月趕緊把奶給斷了。一斷奶，我的廣闊天地又可以回來了。

可是，我居然掉了幾滴眼淚。

難道，我們母女的親密時光就這麼結束了？

人最怕的就是動感情。

這也是我之前在文中寫的不敢生孩子的深層原因 —— 除去不想撫養的自私，還有孩子帶來的情感牽絆。

我矛盾極了，隨手發了篇貼文，底下嘰嘰喳喳 ——

「才餵三個月？太短了！」

「不吃母乳的孩子抵抗力就會變差！」

「自己好才是真的好，斷奶後你會變得輕鬆。」

「別聽樓上的，我家奶粉娃已經十幾歲了，好得很。」

明知會有這些聲音，我還是帶有傾向性地諮詢了通乳師

的建議：需不需要追奶？

　　因為辦了無限次通乳卡，有事沒事我都去疏通和保養，通乳師儼然是我哺乳方面的良師益友。她的建議是，一切隨緣。我覺得也是，不如趁機把冰箱裡滿滿一抽屜的凍奶消耗掉算了。

　　想通不到一天，我便請通乳師幫我人為介入了一下：點穴和熱敷。日常生活裡已經習慣性攝入大量水分，大量喝水、喝湯對我沒有多大作用，如果追奶可以再次實現供需平衡，那我再試一次吧。

　　也不知道是追奶成功，還是乳腺管自我修復完畢，總之她又夠吃了。只不過，漸漸長大了的如意還是不能努力且專心地吃奶，吃一頓奶總要兩、三個回合，看著天花板笑笑，或是轉來轉去玩一會，我就在旁邊等她。家裡人默默評論我「變得很有耐心」。其實我沒有變，只是我知道，大人情緒穩定對孩子成長的重要性，從孩子還在肚子裡就開始了。

　　我原本以為嬰兒斷夜奶沒什麼了不起，直到越來越多的朋友對我表達了羨慕，以及詢問我孕期做了什麼，我才開始思考這個問題。孕期我沒有做任何值得拿出來說的事情，甚至連書寫都很少，唯一可以肯定的是，我很安靜地過著每一天。

　　作家蔡穎卿也多次提到過這一點。她不只一次提到，父

母擁有穩定安靜的情緒、在家做飯陪伴孩子吃飯的重要性。

　　這不是什麼新鮮的道理，只是，當下看來，突然為我開啟了一扇門，給了我不少靈感，關於如何去做媽媽，如何繼續寫作，以及，和世間千頭萬緒的平衡。

　　這些日子，我時常為沒有得到一個專案而沮喪。儘管我自認為擁有膽識、見解、創意和文采，但我沒有團隊，不能合作作戰，便給不了甲方足夠的信任感。加上新手媽媽的確無法實現出差自由，只好眼看著別人神氣地開始了演講和發稿。

　　可是，世間萬物，有失有得，我的修練場或許已經發生了變化。

　　做媽媽這件事，既是盔甲，也是軟肋。

無論什麼時候、選擇什麼方式斷奶，都好

　　這一年的秋天尤為怪異，國慶日還很熱，彷彿有過不完的盛夏。突然有一天，斷崖式降溫，熱脹冷縮的原理同樣適用，我就在那一天第二次因為乳腺炎發高燒。

　　那時候如意八個半月，我也早就適應了持續七、八個小時不擠奶，甚至很奢侈地睡過幾個完整的覺。有一天，我凌

晨四點被胸部痛醒，等我吃完早餐再走去醫院時，已經因為發熱而不能被接收，需要先快篩。

因為有過經驗，我掉頭就去了對面的產後修復中心通乳。乳腺炎沒什麼高深的，只要把奶水擠空，這兩天定期排奶，燒就會退去。有條件的輔以中藥通乳茶，疼痛也會消散得快一些。

結果並沒那麼順利，我依然發起了高燒，就算排空奶水，疼痛點依然在。下午如意哭著不肯入睡時，我很想衝過去親餵她 —— 儘管我知道這不是一個一勞永逸的方法，總有一天她會斷奶，總有一天她要學著自己入睡。

我的醫生朋友都勸我趁這次乳腺炎斷奶，他們認為我已經太瘦了，母乳餵養對我而言是一種掏空；而同時，隨著孩子長大，我的付出得不到相應的回報 —— 母乳營養已經不夠孩子吸收。這就成了一件兩頭不討好的事情。

社群媒體上也有粉絲留言，他們安撫我，趁機斷奶或許對孩子和媽媽都好，畢竟，改吃奶粉是一件定時定量可控制的事情，也讓孩子的飲食習慣逐漸向成人靠近。

當然，無論什麼時候，都存在著鼓吹母乳餵養的聲音，因為這是媽媽給孩子的第一份增強免疫力的禮物。

這都沒錯。

　　關於斷奶，多少有點像絕經，每個月一次的月經的確給女人增添了不少麻煩，小則要算好時間游泳、約會，大則腰痠、肚子痛甚至痙攣，痛苦不堪。但若真的沒有了月經，對一個女性來說，就步入老年了吧？好像什麼東西跟著時間流走了。

　　斷奶也是。它意味著身為母親的第一階段結束了，但不是斷了母親這個身分，更不是登出媽媽這個角色。不受激素荷爾蒙的擺布，我終於可以不用重複那句「不好意思我先走了」的口頭禪，我也可以不用承諾「等我斷奶來看你啊」，所有想參加的活動也可以不用顧忌時間條件。

　　但我遲遲沒有做這個決定，儘管我處在一個極為寬鬆的環境：如意並不特別依賴我，家裡人從沒道德綁架我，我也沒有母性噴發到非餵不可，生理上也沒有因為餵奶而有格外明顯的好壞改變。我只是怕改變，所以這麼拖著。拖拉，很大程度上不是因為懶惰和軟弱，而是，不知道如何面對新的節奏。

　　就順應天意吧。

時時記錄的理由

前天傍晚去母嬰店換貨。懷孕的時候買了些必備品，贈送一包尿布，寄存在店裡一直沒去拿。現在再去，發現贈送的尺寸完全不適用，店家就推薦加點錢換和防蚊貼，說是專為寶寶設計的。

價格不低，我不太想買。

「養小孩不用這麼精緻吧，我們小時候不也這麼健康地過來了？」我說。

「你說得也沒錯，但現在大家就一個孩子啊。」店家的這個回答絲毫沒有增加我決定購買的動力。

精緻化養孩子，其實也有人這樣說我。因為我有個手帳本，主要記錄了寶寶每次吃奶和拉屎的時間、需要服用的維生素 D 和 AD 滴劑、每天的體重、新生兒時期的黃疸指數，順帶也有我自己每天的體重。

「這是你們的新式養法吧？你那個時候，餓了就給你吃，吃多少算多少，吃了就睡了。」我親媽都這麼說。

的確，很多人不贊成對餵奶進行計時和控制，尤其是嬰兒，按需餵奶似乎才是真理。但我沒這麼做。

記錄吃奶的時間是出於我的幾點思考所得，而非教科書灌輸。

第一，避免過度餵養。不怕孩子餓，就怕孩子撐著。吃撐就會脹氣，大人最怕新生兒的腸胃問題，脹氣、腸絞痛，她能哭一夜（其實這條對成年人也適用，餓三分好過吃太多）。

第二，提高每一次吸吮的效率。這點其實是為我自己考量的。如意不算那種吃奶特別拚命的小孩，她也偷懶，前奶好吸，她就不想花力氣去吸後奶，每次都只是「意思、意思」，我就容易塞奶。因此，我嚴格限定時間，出月子後，餵奶間隔慢慢從兩小時、三小時到四小時，不到點不給吃，哭也沒用，餓幾次後她就知道每次給奶的珍貴了。

第三，為其他人提供參考。有時候我不在，媽媽或者婆婆只需要看看手帳，根據上一頓的時間，就可以確定下一頓是不是到時間了，不用打電話問我。

同理，今天該吃維生素 D3 還是 AD，一翻就知道；

幾天沒拉屎了，查查紀錄；

我也把自己每天的體重記在本子上，往下掉一點總是很開心的。

當然，很多人對此不敢苟同，尤其是她斷了夜奶後 ——

「小孩子吃飯你還要控制？」

「除去晚上九個小時睡覺，剩下十五個小時，三小時一頓也就五頓，成年人算上下午茶、宵夜也是五頓啊。」

「小孩哭多半是沒吃飽，你別太苛刻了啊。」

這就要提到辨別哭聲了。我也仔細看過一些教你怎麼辨別哭聲的貼文，尤其還和現實生活中的寶寶進行了對比。但小孩的哭聲哪有這麼精準啊，這個時候就要充分動用經驗了，是乾哭還是流眼淚的哭？抱起來是不是就不哭了？尤其是，我最近發現，如果離我遠一些，或者我乾脆不在，她就沒那麼想吃了，甚至可以表現得很懂事 —— 因為我身上有奶香味。

那為什麼不給多吃呢？除了以上提到的幾點，我還想到月小刀力薦的一本書 ——《笑到最後》，作者是王立銘教授，他說過一個抗癌的方子，那就是「少吃，減少熱量的攝入」。

他在書裡寫道：「大半個世紀之前，美國康奈爾大學的科學家就發現，如果每天給大鼠只吃六成飽，大鼠可以多活三分之一的時間，對應到人的話差不多多活二十五年，這是一個非常驚人的數字。」

在那之後，從單細胞生物酵母，到低等的無脊椎動物線

蟲和果蠅，一直到最近的猴子研究，都在反覆證明，限制熱量攝入確實能夠顯著延長生物的壽命。

拿猴子的實驗為例，2017年的最新資料顯示，節食的猴子能活到四十歲，破了猴子世界的長壽紀錄。

當然，少吃不等於不吃，也不等於亂吃。身為一個生酮飲食的得益者（確實瘦了）和受害者（反應很大，胸悶、心慌、心動過速），如今顯得更有資格正確對待食物。對於寶寶也是，只要她定期拉屎，尿量正常，精神狀態好，想吃的時候吃夠，就可以了。

好好回應

「世界不打小孩日」那天，我把如意關進了小黑屋。

那晚，如意吃也吃了，且一定是吃飽了，屎也拉了，小肚子軟軟的。就是胡鬧，抱著也哭，放下也哭。我索性把她放床上，燈一關，走了。

我把門開一道縫，自己在外面看書。

婆婆坐不住了，怕她哭出疝氣，要去抱她，我制止：「沒事的，小孩子哭不壞，媽媽你休息吧。」

哭了十幾分鐘，哭聲明顯減弱了。我悄聲過去，透過門縫，發現她手腳舞動得沒那麼厲害了，我繼續回沙發看書。再過十分鐘，哭聲又弱了，屏氣從後面看看她，眼睛閉上了。又過十幾分鐘，沒聲音了，睡著了。

這個時候，我才進屋。

小孩很聰明，有人抱她、哄她反而來勁。所以我開一條門縫，就是為了不讓她看到我。但我需要知道她哭的原因，以及哭聲是在減弱還是增強。養育小孩的過程中，「心疼」有時候是一塊絆腳石。

但同時，我會在她一有動靜的時候就衝回房間，老陳形容我是「彈起」，並「嗖一下」飛過去。也有人說：「你也太緊張了！」

睡著的小孩只要一哭，馬上過去拍拍，或是按住她舞動的雙手，她立刻就能接著睡覺；如果家長放任不管，或是讓她哭會再過去，那她肯定就被自己哭醒了，因為沒睡醒，接下來基本上睡也不是抱也不是，很難伺候了。

只要能低聲與他們一對一談話，經過幫助，他們就可以很好地適應。

好好回應是人與人之間最基本的禮貌。

再往深層說，這還涉及一個心理學名詞——「習得性無助」，簡單來說就是，如果孩子的每次行為得不到回饋和反應，他就會認為這是不可能或者無意義的任務，再怎麼努力也沒用，從而變得悲觀、沮喪、被動，任由命運擺布。這是正向心理學之父、賓夕法尼亞大學正向心理學研究中心馬丁·賽里格曼（Martin E. P. Seligman）教授最早研究的課題，而他也認為，這種思想是後天習得的，不是天生帶來的。

孩子越小，就越要避免使其陷入無助，最普遍的狀況就是，哭著找媽媽，怎麼哭都沒人哄（不妨礙媽媽視情況把孩子關進小黑屋）。《再見，「暴脾氣」小孩！》裡，兒童正向心理及教育戲劇導師潘驥特別指出：從小被好好回應的小孩更容易形成樂觀的內控型人格，容易建立對社會和外部環境的信任感。如果意識到這一點，媽媽和這麼小的嬰孩在一起也有了更多的互動，比如玩手搖鈴的遊戲，寶寶一搖，鈴就響；寶寶一停，

鈴也停。玩多了，孩子就會感知到自己行動的力量。

的確，我聽過無數勸誡：讓孩子哭，老是抱著會把孩子寵壞的！無數次我也想衝到爸媽跟前讓他們歇歇。

在經歷了好幾個月的親密接觸後，我猛然發現「回應」和「會不會寵壞」並不衝突。

因為，「回應」不等於「抱抱」，回應的結果未必是要求孩子停止哭泣。

回應有很多種方式，媽媽一邊疊衣服，一邊溫柔地看著孩子，對她說「媽媽在這裡，等我做完了手頭的事，再來和你玩」，這也是一種回應。如意從一出生就對雙邊哺乳不耐煩，換邊的時候很不情願。我一直很關注這個時刻，提前告訴她「我們現在要換一邊吃了」，然後輕輕翻身過去。她偶爾也會叫，但還在可以接受的分貝內，有時候也能等我躺好自己湊過來繼續吃。

威廉‧西爾斯（William Sears）將其稱為「溫柔的啼哭」。被回應後，她也獲得了對這個世界最初的信心。

被耐心等待過的孩子

夏天最熱的時候，幫如意新增輔食了。我小時候，媽媽上班後奶水不多時，直接幫我新增的是奶糕，據說很耐餓。後來我在母嬰店詢問輔食時偶爾提及奶糕，店員一臉漠然，好像我在說一個久遠過時的土東西。

對於吃這件事，我本身就不是個狂熱主義者，只要乾淨衛生就都好吃。一日三餐盡可能到處蹭飯，不得不自己做飯時，得過且過。

對自己尚且如此，何況對一個人間幼崽，一個我認為生命力無限強大的生命。我一竅不通，詢問了家中過來人，買了米精直接上手。

那幾天，我們一如往常等到太陽落山，推車出去散步。暑氣尚在，但至少沒那麼火辣。胖小孩怕熱，但長時間躲在冷氣房裡也不是法子，大家都不舒服。

河邊逛了一個多小時，準備回家，這時候如意都會妥帖地拉上一泡黃金屎。肚子一拉空，她就開始哭鬧，催促大人飼食。於是，家裡便亂了起來。

洗屁屁、換尿布、開冷氣、開電扇、溫母乳、沖米精，中間大人輪流洗澡也是刻不容緩的事。好不容易沖好米精，先要抱她止哭，再用最小的矽膠勺，一口口送進她嘴裡。一

直以來，我只用自己的身體給她餵食，從沒體驗過用勺子餵養的艱難，一不留神，米糊就流了出來；再一不小心，被她不停舞動的手打翻了不少，衣服胸口處全是黏糊糊的米糊。

她看上去很急切，一勺剛送進去，嘴巴就湊了過來，而事實上又不能好好配合，哭鬧幾下，又流出不少，吃了很久，刻度表才下去了十毫升。

「怎麼那麼慢啊，那得吃到什麼時候？」我在心裡默默地想。

我慢慢等她，腦子裡思索更好的替代辦法。

「再新增些母乳將米精沖稀，倒入奶瓶吧！」我和我媽達成一致。

熟練地起來溫奶，再拌入米糊，一起倒入奶瓶，換一個孔多的奶嘴。這下厲害了，如意一上來就雙手捧著奶瓶，賣力地吃著，沒過多久就少了半瓶。

我媽養我已經是三十七年前的事了，而我又不是個好學的媽媽，全程靠摸索。我並沒有那麼多靈機一動的時刻，只不過在對待女兒這件事上，我一直都是耐心等待。

因為我不想老了被不耐心對待，所以，防止女兒成為不耐心的成人的方法，就是先耐心對她。

這是句玩笑話。

事實上，我相信渡渡鳥說的：被耐心等待過的孩子，會自信，會更有主動性，對挑戰保持興趣，對自己和外界更友善；相反，被不斷催促、嫌棄慢的孩子，就會常常懷疑自己，充滿焦慮。

如果說這是對孩子的養育，那麼，對媽媽來說，無論天性和緩，還是像我這樣，本身是個急性子的，都可以試著耐心起來。因為，接下去有太多要等待孩子的時候——穿衣服、做作業、等出門……要等她的時候多著呢，媽媽不能每次都吼叫啊。

剛出生的孩子只會哭，把她扔床上也不用擔心滾下來；會翻會爬後，大人總是感嘆「上個廁所都是匆匆忙忙！」不得不承認，孩子越來越好玩的同時，也越來越難伺候。

但是，人不就是這樣嗎？以後還會更難纏。她還會有情緒，有心理活動，有豐富的內心世界，令人捉摸不透。那時候媽媽更要及時回應，耐心等待，而不是催促她：「到底發生了什麼！你怎麼不跟我說！」

因為能量是可以互相傳遞的，你想被怎麼對待，就要怎麼待人。

愉快的家庭氣定神閒

很多人說我有了孩子後脾氣變好了，情緒穩定了。一聽就知道，我原本是一個容易焦慮和暴躁的人。我和老陳曾經開玩笑討論過家庭分工，老陳負責孩子的性格塑造和情緒培養，因為他是那種「沒什麼大不了」的人；我負責孩子的閱讀和學習力，她不需要考多高的分數，但應該具有善於學習的能力。

因為我就是個擅長學習的人。所有的氣定神閒，都是現學的。

我還是很焦慮，她夜裡大哭不止，我就拿出體溫計，懷疑她是不是病了；她嗓子啞了，我就開始各種詢問醫生朋友；不好好吃奶的時候，我第一反應是「哎呀，胃口不好啊」。但是，所有這些心理活動，只有我自己知道。一旦爆發出來，她非但不會因此停止哭鬧，還會鬧得更凶，因為她真的能感受到你的急躁，所以她更急躁，到後來手腳並用，眼淚、口水流一臉。

好幾次經歷告訴我，如果我心裡有事，想趕緊讓她吃了完事，她就鬧，橫豎不配合；如果我心中無事，很安靜地等她，她也吃得很配合。有幾次不得不奶睡的時候，她眼睛稍稍閉上，我就強行拔掉乳頭，企圖回到電腦前。這時，她立

刻清醒,我前功盡棄;而我若能耐心等一會,等她睡熟了,再輕輕離開,或是索性自己也休息一下,挨在她旁邊,她就可以睡很久。

英國心理學家佩內洛普‧利奇(Penelope Leach)為痛苦開出的藥方是快樂:讓寶寶更快樂就是讓自己更快樂。她有兩個截然相反的案例。艾莉森的寶寶凌晨兩點醒來,此時,艾莉森大聲嘆息,憤怒地把自己的腦袋埋在了枕頭下面。她的寶寶哭聲越來越大,等到艾莉森終於拖著疲憊的身軀起身餵寶寶的時候,寶寶心情很差,吃奶嗆到了自己,因此再也無法入睡。

艾莉森耗了一個半小時。

與之相反,比拉的寶寶在凌晨兩點召喚她的時候,她輕輕從床上躍起。比拉把寶寶從嬰兒床上抱了起來,這時寶寶笑了。寶寶感激地吃著奶,很快便重新睡著。

比拉耗時二十分鐘。

這大概就是 Momself 創始人崔璀常說的「同頻」。同頻,就是不抗拒,首先我自己就不能把它當一項趕緊完成的任務。崔璀舉過一個自己的例子,兒子哭泣的時候,她都會輕輕撫摸他的後背,而不是拍打。因為「撫摸」傳遞的感覺是「親愛的,我在」,而「拍打」則是一種催促,儘管你沒說「別哭了」這幾個字,但是拍打這個動作流露出來的就是迫不及

待，是打心底裡的抗拒。

所以，你得把她當成同輩，先不急於用餵奶來安撫，而是幫她扇扇子，在她耳朵邊悄悄地說「媽媽愛如意小寶貝，這是我們的祕密」。她會開心地笑一下，然後安靜下來。

也有不奏效的時候。八月的一天傍晚，我在外面採訪，匆匆趕回家時我媽正抱著她，一副嗷嗷待哺的樣子。雖然有一冰櫃的凍奶，但因為我要求「盡量親餵」，我媽看時間差不多就試著等我回來。其實，一路上我就一直猶豫不決到底是先洗澡還是先餵奶，就像讀書的時候每天困擾我的都是「放學回家先睡一覺，還是先吃飯」。最後，想要立刻阻止鬧人的哭聲的願望過於強烈，我決定先餵奶，還嘴不饒人地說了句，「老媽這一身汗臭味都不顧了，你趕緊吃！」我脫下衣服，身上黏糊糊的，她湊上來，剛吃幾口就開始大哭。我突然一個驚嚇，想到《成為母親：一名知識女性的自白》裡說過的一個故事，也是崔璀在書裡引用過的──

一位正在進行有關新手媽媽育兒感受研究的研究員來到作者家裡調查，沒想到作者的女兒正在哭，而她自己也蓬頭垢面的。研究員沒有急著幫助抱娃，而是詢問作者自己的近況。當作者靜下來陳述自己「很累、很糟，夢裡都是哭聲」的時候，寶寶已經不哭了。最後，研究員對作者說：「不論寶寶什麼時候哭，記得在為她做點什麼之前，先為自己做點什麼。」

我起身去洗澡，換上乾淨的睡衣 —— 這花不了多少時間，回到冷氣房裡，和她一起躺著。她還在哭，但明顯不那麼歇斯底里了。我也休息一會，閉目養神深呼吸。讓她知道有人陪著她，但沒有更多了。想索取別的，得先停止哭泣。過了一會，她停止了哭泣，自己湊了過來。

孩子是否氣定神閒，可以明確反映出一個家庭的愉快指數。而家長能不能做到從容，取決於你怎麼看這個孩子 —— 她是什麼都不懂的幼崽，還是和我們平等的一個「人」？

「他們說如意適應性很強，這麼小坐在安全椅上都不哭。他們家的孩子哦，說是幾次都不肯坐，狂哭，之後就再也不坐了，也極少出去。」我在電話裡跟老陳轉述一個共同朋友十分鐘前對如意的誇讚。

如意不到百日的時候，因為我要外出工作以及兜風，就給她配置了車上安全椅。因為太小了，她必須反向坐，頭兩次雖然都有人在旁邊陪著她，還是哭了一路。隨著天氣轉熱，我也給她墊了水墊，買了小型電風扇，基本上都能安穩睡一路。

「小孩都是一樣的，我們如意也不是什麼神童，就看大人的心態。」老陳對別人的誇讚毫不動心，「孩子一哭，大多數人就覺得不對、不好、她不喜歡，其實不是的，人對新鮮事物都有一個適應過程，大人也是。她哭的時候你不要太介

意，自己先放輕鬆，能有什麼事呢！」

我為有這樣的伴侶而感到驕傲。

養育之道沒有應試技巧，而是一點點放鬆下來。想到如意在我肚子裡的時候，我們討論過「以後怎麼稱呼孩子」這個問題：我們娃？我家寶貝？我們寶寶？最後得出一致的結論：小朋友。她就是我們的朋友，是平等的，只不過年紀小一點而已。

陪伴孩子的意外所得

儘管看著孩子每天都有變化是一件幸福的事，但養育孩子，尤其是當她還沒有自主能力、不會表達的時候，依然是很枯燥無趣的。而我從中也找到了一些無奈的樂子，比如說總結規律。

有天傍晚，如意又鬧了，看看時間差不多，就把她抱到床上開啟餵奶安撫模式。我穿的是胸口有拉鍊的哺乳衣，剛拉開拉鍊還沒躺好，如意的手就伸了上來，亂抓衣服，一抓就吃不到。我得把她的手挪到一邊，再把身子湊過去。之後，「暴風雨」就來了，她完全不吃，且號啕大哭。

我只好抱著她走路，等到她情緒差不多平復，再讓她吃，然後迎來第二輪「暴風雨」。

　　同樣的經歷有兩次，最後的解決辦法都是，我換了另一側讓她吃。

　　我的總結是，因為第一次吃的時候不順利，她本能地覺得這個奶有毒，或者是，你們騙了我，我寧可餓死也不吃。受騙加上肚子餓，導致她一直鬧。

　　其實這在月子中心裡就發生過了。

　　坐過月子的人都知道，第一個月真的是前所未有的閒，尤其像我這種恢復得還不錯、精神超好的人，不能看電腦和手機，快閒出毛病來了。於是，我就暗中學習月嫂的一舉一動。

　　我學的不是具體的事務，怎麼洗澡、怎麼抱娃這些技術學起來不難，我主要觀察月嫂的經驗和表現，比如哄睡 —— 她們會在寶寶驚跳反應的瞬間，按住她的肩膀和肚子，幫助她接著入睡，不至於被自己嚇醒。

　　比如判斷寶寶是否吃飽，除了哭聲，還要看尿量，以及媽媽的奶量。

　　有天夜裡一點半，我脹奶醒了，擠完奶一小時後，小朋友醒了，我就把奶裝進奶瓶餵她。剛一餵完，她還繼續哭。想想不對，加 20 毫升試試。果然，喝完就去睡了。

　　我的判斷基於兩點：第一，哭聲不對。吃完馬上哭，且

哭的樣子像是沒吃飽；第二，我擠出來的奶總量比前幾天都要多。親餵的孩子和媽媽是同步的，供需平衡，既然我多了，說明她的需求也就更大了。

我沒買過一本育兒書，幾乎不看粉絲專頁，全部的經驗來自月子裡的觀察和偶爾的參與，搭配我的邏輯分析能力。我將她不再哭泣當成一種鼓勵，表明我已經摸到了一點感覺，並且能從容看待這個只能用哭聲和外界交流的生命。或許我已經獲得「媽媽」這個頭銜，我們可以繼續一起生活。

我曾聽很多新手媽媽說產後的挫敗感還來自各種全權操持辦理，她們覺得，失去了實際操作後，自己的直接經驗沒有得到成長，似乎配不上「母親」的稱號。但事實上，學習無處不在啊。

正規的月子中心就是一個公司，我是雇主，我付錢給他們，就要考核他們。我在二十天的時候，換了一個月嫂。

其實她沒什麼不好，也很敬業，只是恰恰碰上我們這個非常鬧騰的嬰兒，小床不睡、大床不睡，非要和月嫂擠沙發，月嫂真的就陪她睡了好幾晚，好幾次自己差點摔下來。我雖然感動，卻也嫌棄月嫂沒有正確的方法 —— 就好比，孩子一哭，月嫂就抱，孩子自然就不哭了啊。可是，回到家後要我們怎麼辦？沒人能夠抱她一整夜的。我如實反映了這個情況，希望能有更有經驗的月嫂來幫助我。

月子中心管理層馬上做出反應，臨時換了一位有經驗且強勢的月嫂——在我未知的領域，我喜歡讓強勢的人來帶領。最後十天，我們家的「女高音」算是被馴服了。

養育孩子其實是沒有標準的，但月子中心是一個機構，它有一定的約束和規範，每個月嫂都要做報表，按時繳交，包括每個人的體溫，寶寶吃奶的時間、分量等，因為是份工作，月嫂也會很在意客人的滿意度。

舉個例子，在哄睡的時候，月嫂會要求大家都寂靜無聲，反正我們大家都被責備過，我爸開了下水龍頭，我開了下冰箱，老陳咳嗽了一聲，都被認為是寶寶驚醒的源頭。其實，哪有什麼完全安靜的無菌環境啊。到家後，大人該幹麼幹麼，寶寶照樣是該睡睡，該哭哭，一切如常。

高分日劇《大豆田永久子和她的三位前夫》裡，大豆田讓無數女人羨慕，身為建築公司社長，她的解壓方式是寫數學題。那麼，對於我這麼好學的人來說，陪伴孩子成長的同時，不也是一種邏輯思考能力的提升嗎？

「媽媽哲學」創始人渡渡鳥也講過一個類似的故事，說是帶著一群孩子從洛杉磯到舊金山的高速公路上，剎車突然失靈了，這是多大的事啊，但他們在等拖車的時候玩了很多遊戲，大家都覺得壞事也不盡然是壞事。渡渡鳥總結，這就是「用智慧轉化經歷，變成人生中的記憶點」。聽起來像是阿Q

精神，可是，人生就是充滿雞毛蒜皮的瑣事啊，沒有一點找智慧和找臺階的精神，又怎能安穩愉悅地度過呢？

用自己的方式陪伴

生下如意後，我就沒怎麼回過杭州。

因為老陳在異地工作，如意需要老人家幫忙養育，頭三個月，一直住在我的家鄉湖州；等她稍大點就兩地生活，有時去老陳的家鄉、婆婆的現居地蕭山。

但那都不是我的主場。

這點和瑞秋・庫斯克很像，她生完孩子後，從大城市搬到了某個大學城，她形容自己「不得不承擔起撤離倫敦、放棄過去幾年裡我那不受約束的欲望所形成的生活方式的責任」。

無論是湖州還是蕭山，我都喪失了熟悉的生活節奏和社交，除了家人，幾乎沒有朋友，也沒有想去的咖啡館、餐廳 —— 事實上我還不敢喝咖啡。我們做得最多的事情就是散步，頻率高的時候，早晚各一次，一次最多可達兩個小時。

湖州是我的家鄉，我在這座城市生活到二十歲。我們也曾搬過家，從城市的西邊到東邊再回到西邊，家門口的小西

街成了必經之路和必逛之地。

第一次把如意抱下樓的那個春末，我們踩在小巷中江南味十足的青石板上，金銀花從黑瓦屋頂蓬鬆地垂下來；白色的絡石攀緣在斑駁的牆上，粉色、橘色的月季都撐挺了，大朵大朵地裝點著矮牆；繡球花像是點著胭脂、面色紅潤的糯米糰子，勾引人們彎下腰去捧它們。

街邊的冰淇淋店散發出冷氣，把人捲進去趕緊要一個香草味的冰淇淋球解暑；從大城市回來的年輕人再也不會抱怨家鄉只有星巴克和喜茶了，手沖咖啡毫不遜色，奶茶還有了健康品牌的加持。

這是和如意共度的第一個江南的夏天，也是我最熟悉不過的小西街的動人之處。沒有永久的少女，但每個夏天仍然熾熱。

雷雨過後的那個傍晚，說要去給正在同學聚會的外婆一個驚喜，我帶著如意就這樣往酒店方向走，不經意走到了老房子附近。在那個家裡，我度過了人生中重要卻又黑暗的時光——大考、升學、叛逆的青春期。那個房子的周邊住著成績很好的「別人家的孩子」；沒有手機的年代，我曾在社區門口的小店打電話向爸爸求助，因為被男同學跟蹤；那些年輕歲月裡，我無比想走出去，想盡快擁有自己的世界；在那個兩室一廳的房子裡，我一遍遍聽披頭四（The Beatles）唱「I believe in yesterday（我相信昨天）」。

盛夏讓我想起五味雜陳的青春時代，我從那個去親戚家都會害羞的小女孩，長成了天天和陌生人打交道的記者。如意很安靜，不知道是不是因為五個月的她已經可以在背帶裡面朝外坐了，花花世界多好看，連瞌睡都忘了。而她的安靜，正好給了我回憶的可能。如今的她也如盛夏的陽光，萬物生長，交給生命一個不可預知的未來。

個體心理學家阿爾弗雷德・阿德勒（Alfred Adler）認為，決定我們自己的不是「經驗本身」，而是我們「賦予經驗的意義」。我們賦予過去的經歷什麼樣的意義，才直接決定著我們的生活。因為這些過往，我們的散步有了方向，這也是我們和一座城市連結的方式。

蕭山是老陳的家鄉，雖然現在屬於杭州的一個區，但在地鐵開通前，在我印象裡這裡一直是一個遙遠的地方。與此同時，除了蘿蔔乾和花邊製造業，這個大杭州概念裡的東邊大區的其他我一概不知，甚至在我參與撰寫和運河有關的書籍時，也沒意識到蕭山和運河的關係，直到我帶著如意出門散步。

我先是發現這座城市裡有無數的橋，出門便是。

從我們所在的高橋社區出門往西走，有夢筆橋、倉橋、市心橋、永興橋；往東走，則是惠濟橋、東暘橋、回瀾橋，恰恰是橫跨在城河上的七座單孔石橋，而這城河，就是浙東

運河，也叫蕭紹運河，俗稱官河。

　　婆婆跟我說，有一陣她心情不好，就沿著城河從西走到東，再從東走到西，只做一件事：數橋。

　　我也喜歡數橋。熟門熟路後，我又改為每天只去一座橋，把如意裝在我胸前的背帶裡，以橋為圓心，探索周邊。比如，抵達夢筆橋，當天的遊覽便是夢筆園公園。夢筆園公園是當地人的遊樂場，早茶、打牌、遛鳥、練太極、家長裡短，在這裡你能聽到最正宗的蕭山話；我也會去旁邊的江寺公園，始建於南朝的江寺已經不是寺廟，但寺院黃依然掩映在豐茂的植被中間，午後陽光穿過，頗有一種在京都逛寺廟的感覺，靜謐、深邃。

　　一路梧桐參天，紅白夾竹桃映綴其中，夏日帶如意散步也感覺不到熱。這些自然形成的城市空間成了當地人重要的戶外活動空間：遛狗、遛娃、吹拉彈唱、跳廣場舞、買賣自家種的蔬菜，它們構成了城市最市井的一面。但我好像從來不和其他媽媽或者外婆、奶奶們聊天，儘管有人說「跟其他媽媽見面有好處，你可以聊天，可以訴苦，願意的話，寶寶和寶寶之間也能互動」。

　　我看看如意，她天生一副「不屑和你玩」的表情，就像所有的「行拘」對她都產生不了作用。

　　這是我和老陳的家鄉，有我們的童年。每個人的童年時

代，都在成為生命密不可分的一部分後，長久蟄伏在我們內心深處。被孩子「誘導」重走這些路，隱藏在媽媽體內的往事也一一浮現。

也許，這個時候，我應該開始某種早教了，翻滾、爬、坐、抓握之餘還要聽聽英語、日語什麼的；又或許得聽聽我的朋友們善意的勸導：「你別什麼都無所謂，你知道嗎？兒子四歲的時候我幫他報英語班，老師都說太晚了。」但我依然不想過早陷入競爭，哪怕她真的會輸在起跑線上。養育方式有很多種，而我接受並希望她只是一個普通人，就地取材，認識身邊的藍天綠樹和人情。

唐納德‧威尼科特（Donald Winnicott）是英國家喻戶曉的兒童心理學大師，一生接待、治療過近六萬個母嬰及家庭，他有一個簡單好記且極為重要的觀點：信賴你的本能。

他認為，循著自己的天性去實現親子間的互動與溝通，才是最好的親子教育模式。當一個母親相信自己的判斷時，她會做得更好。

我的朋友特特媽是杭州本地人，也是一位超有主觀能動性的媽媽。為了陪伴孩子，身為工科生的她去了一個親子旅遊粉絲專頁做主筆，以便工作生活兩不誤，且能互相補充和增色。她的陪伴不完全是在陽光沙灘、高級酒店，更多時候，她陪兒子去九溪蹚水、去黑暗裡找尋螢火蟲、去九曜山

登高俯瞰蘇堤，在自己家門口，在熟悉的家鄉，用另一種全新的方式，重新成長一次。

她跟我說：「去走走一條小路也可以感受到杭州的四季。茶園裡、梧桐樹下、彩色的落葉、家門口的老銀杏……我也希望有更多的新杭州家庭，可以找到與這個城市溫情的連結，不應該只是買學區房、抽籤、塞車，這些連結，就蘊含在家門口平凡的四季裡。」

家族的形式

我住在蘇州柏悅酒店的時候，時任總經理約我見面。

我很抱歉，問他能否稍等一會，因為如意上午睡著了，我不得不和媽媽輪流下去用早餐。這會兒，我正在房間裡陪著她。

後來我們相聊甚歡，從酒店品牌說到實際營運，最後說到，他的太太也是一個創作者。

「和我們好像啊，」我說：「先生都是酒店總經理，太太都是不用進辦公室的自由職業者，可以隨著先生暫居在不同城市。」

「不過我們沒有小孩，我們是頂客族，家庭成員簡單，我太太喜歡在家做各種日本料理。」總經理說。

「我們差點就是，只是，一不小心……」此刻的我，無盡憂傷。

就在我下樓見總經理前，如意已經醒了。「清晨坐在酒店窗臺前，最有寫作感覺」的狀態被無數次打斷，我不停起身逗她，眼睛又無數次瞄向電腦。而隨後，我又得在沒聊盡興的時候趕緊上樓餵一頓奶，以及整理好一車的行李，開車回家。我還不能有情緒，我得安慰自己：已經很不錯啦，還能出來玩。做飯你本就不感興趣，日劇不看就不看了吧，也不會死的。

「但是，有了孩子，也會有不同的感受吧？」等電梯的時候，總經理問我。

我還沒來得及說，電梯門開了，我們匆匆道別。

有了孩子，也會有不同的感受吧？

家庭的形式多種多樣。英國資深心理治療師茱莉亞·薩繆爾（Julia Samuel）在《生活即變化》（*This too shall pass*）一書中分享了對家庭的思考，家庭不再由生理、婚姻甚至住所來定義。她向我們呈現過去幾十年來建立家庭的新方式：單親、同性家庭、幾代同堂的大家庭、群婚家庭、沒有血緣關係的朋友組成的家庭，以及由夫妻、他們一起生的孩子和他們與前任生的孩子組成的混合家庭，每一種形式都有不得不這樣的理由和旁人難以察覺的慰藉。

當我獲得片刻寧靜的時候，難免會想：「如果沒有她，我該多麼自由啊！」、「如果我還是一個人，現在應該在哪裡呀？」那些想去的地方一個個蹦出來，又被我一個個按回去。

我特別喜歡粲然的《旅伴》。故事結尾，大人對孩子說：「我對你那麼糟，總想拋下你自己闖蕩。」大人捂著臉，抽噎著說：「可你救了我。」

「別這麼說，」小孩一片赤誠：「沒有你，我就不會認識這個世界。」

此刻的我，真的不應該回頭了。因為，一個成熟的人，就是「不念過去，不畏將來」的。

而且，我也到了村上春樹所說的「你要做一個不動聲色的大人」的年紀了。不准情緒化、不准偷偷想念、不准回頭看。去過自己另外的生活。

「如意看過人間，覺得這家人不錯，就想來了，對吧？」我一直是這麼覺得的。

如果以後如意問我，為什麼在她嬰兒時期的照片裡都沒有爸爸，我也會跟她說，因為此刻爸爸還有自己的夢想需要實現，暫時缺席。你有奶奶、外婆、外公、媽媽陪著你，這也是一種家庭形式。因為村上春樹那句話的後半句是「你要聽話，不是所有的魚都會生活在同一片海裡」。

孩子和誰玩比較好？

　　有一天我因為有事，沒和爸媽一起陪如意散步。我爸媽帶她出去後回來說，她今天可開心了，和一堆大孩子玩。還給我看了很多照片，有幾個大孩子看上去很喜歡她。

　　還有一個小朋友正在企圖抓她手臂上的如意手鍊。

　　我說：「這孩子什麼意思？要搶劫啊？」

　　我媽說我小人之心。

　　第二天，我去看了那幫孩子的聚集點，什麼啊，一堆野孩子。更重要的是，我不喜歡那些陪著孩子的父母，他們有些可能因為剛剛下班太累而眼神空洞地直直望著遠方，大部分在看手機，任憑孩子打打鬧鬧，甚至用水槍隨便灑射路人。

　　我說我們走吧。

我知道自己在這方面的視野和寬容度不夠。但我沒辦法說服自己參與到這些人當中。

家長即教育。「野孩子」也不是不好，如果我認識他們的父母，我們是一路人，說不定我會很喜歡這些野孩子，「野」也就成了好動、機靈。但現在，這樣的父母，我不認可，他們帶孩子出來似乎是為了自己放風，我也很難站在那和他們聊天。我一直覺得，無論何時，人要找的是共同體，要找教育觀念相近的人做伴侶，做朋友。

但是，怎能讓自己的刻板觀念束縛住孩子，阻止她認識更廣闊複雜的世界呢？擁有大愛的渡渡鳥就很贊同兒子和各種人一起玩，然後擁有自己的辨別能力。

孩子最好的玩具是其他小朋友呀！而且，對一無所知的小朋友來說，這些社群聚集點裡有友誼，可以獲得好朋友，畢竟，不以貧賤論英雄。我也不希望她長大後是個「冰雪公主」，沒有一點親和力；她也會受到挫折、不被認可、不受歡迎等。這樣的地方，是知曉社會的起點，從我個人的角度來說，也是獲得生活素材的地方。

我又在陳冠學的《父女對話》裡，看到他的感慨 —— 辭去教職和女兒一起回鄉下老家，他發現，女兒只差一個同齡的玩伴。但陳冠學又深深覺得，她一個人玩著，倒是那樣純淨。孤獨是無上的幸福。

　　這是我自己的世界觀。我從小喜歡自己和自己玩，在書裡得到的樂趣遠比從小朋友那裡得到的多且令我安心。

　　我覺得渡渡鳥和陳冠學說得都對。

　　所以，我反而沒了負擔，就按照自己的方式來。我甚至找了個折衷的方法，我在的時候，就帶如意去大自然裡，公園、河邊、山間，再不濟就逛商場，或者去朋友家；我要是不在，也不反對父母帶她去和別的小孩玩，因為我的父母比我友好，他們會保護孩子，也不會冷眼旁觀。

04 做個自私的媽媽又何妨

女兒第一次游泳時，我在按摩

當女兒臍帶脫落、體重超過 4.68 公斤的時候，她就可以游泳了。相比大一點的小孩，她的要求有點多：不能太餓也不能剛吃飽，但新生兒本來就是每隔兩小時要吃一頓；不能在睡覺也不能太睏，但新生兒除了吃，大多時間都在睡覺。所以，等到一個能去游泳的機會很不容易。

那天，我在隔壁的護理部做產後修復，月嫂來了，說：「你家女兒要游泳了，你不去看嗎？」

我想都沒想：「你們去吧，拍個影片我看看就行。」

月嫂和護理部所有人都傻住了：「這可是你家寶貝第一次游泳啊，媽媽粗心大意？」也有人說：「你是意外懷孕的吧，對孩子顯得不太上心。」總之，都歸結為：「你這個媽媽怎麼回事？」

其實我也想看，但我也覺得，不必糾結於這個「首次」。

因為我知道，新生兒游泳只有五分鐘，要是等我擦淨身體穿好衣服匆匆奔去，估計她都游完了。要讓她等我，那怎麼可能，誰知道這個暴脾氣小孩會耍什麼花招。

「我有很多次機會可以看她呢，甚至以後要一起游泳的，不差這一次。」我向旁邊的人解釋。

後來我看到，影片裡的她在水裡非常自在，哪怕是第一次也不怯場。她以後也會有很多很多第一次，第一次上學、第一次領獎、第一次帶男朋友回家……媽媽不必強求自己都在場，更不必苛責。

媽媽坦然，孩子也會更從容，我一直這麼要求自己。也因此，在面對她突然大哭甚至哭得很傷心時，我都告訴自己：不要著急，慢慢來，她會等你的。

為母則剛？

在月子中心，每次餵奶的時候，月嫂都只顧著「寶寶吃奶時很熱」而掀開被子，我告訴她「請你幫我蓋下被子，現在是冬天，我覺得有些冷」；月嫂會習慣性關掉寶寶一側的燈，

但為了隨時觀察寶寶的動態，尤其是溢奶等情況，而開啟我這一側的燈 —— 難道我就不覺得刺眼嗎？

我還因此找到當時對接我的銷售人員，向她建議在以後的培訓裡加上「對產婦的照顧」。媽媽生了孩子，全世界都會自然而然把重心轉移到孩子身上，但他們忘了產婦此刻面對的疼痛、沮喪、無奈。

後來，月嫂也漸漸會在我餵奶的時候給我溫開水，裡面加根吸管方便我喝水，或幫我在肚子和肩膀上添塊毯子。因為，我好，寶寶才會好帶。

我看到很多新手媽媽在面對疼痛的時候都會用「為母則剛」這個詞，她們忍著生理上的疼痛和心理上的無望，不得不看似勇敢成熟地拚命為自己打氣。因為媽媽不能有情緒，哪怕有，也是「過會就好了」、「不就是不開心情緒低落啊，沒事的」。也因此，我反而覺得這個詞對媽媽非常不友好。我做了媽媽，但也應當允許我有柔軟和脆弱的一面，我也想要偷偷懶，想要舒適的人生。王爾德（Oscar Wilde）有句經常被引用的話：「愛自己，是終生浪漫的開始。」

如意快五個月的時候，我應邀參加 TED 杭州的演講。當天，也是外婆、外公要來接她的日子，我們已經在蕭山的奶奶家住了半個多月。我爸媽上午坐高鐵來，然後我開車帶他們一起參加 TED 分享，再回湖州，正好順路。

　　成年後，除非需要家長幫忙，我越來越少將諸如此類的「榮譽」提前告知他們，越將之視為家常便飯越輕鬆。但這次不同，我曾是個 TED 迷。TED 不是綜藝節目，父輩們並不了解，加上當天他們也會親臨現場，所以，我特地整理了一些介紹，提前發在家庭群組裡。

　　剛發出去，我爸秒回：「如意的照片有嗎？」

　　從出生一直沒離開過外婆、外公的如意，讓他倆惦念得不行，每天要求發影片、發照片。這本來是愛，但此刻的回應讓我著實不爽。

　　我發了一串刪節號過去，意思是「我對你的反應表示不可思議，我不想和你說話」。

　　我爸果然沒有意識到我的情緒轉變，還補充了一句：「隨便拍拍就行了，現在的照片有沒有？」

　　我想都沒想，直接告訴他：「沒有！」

　　過了十分鐘，我媽在群組裡傳了個大拇指，算是對我的肯定。

其實，這麼多年獨自在外，有殊榮也有挫敗，我早就學著「不以物喜，不以己悲」，自己的寵辱得失並不仰仗另一個人的肯定，就像《夜航西飛》（*West with the Night*）的作者柏瑞爾・馬卡姆（Beryl Markham）在書裡說的，「我獨自度過了太多的時光，沉默已成一種習慣」。

媽媽也會和女兒爭寵，這並不奇怪。因為媽媽也還是小女孩，也需要被聽到和看到。

中年是整個社會中最有擔當的年齡層，多重關係讓他們不得不無私，所以在面對自己的時候，反而要誠實而自私。

解放勞動力的高科技也是愛

朋友送了我一個背帶，也是之前我想買但很快就忘記了的「神器」。背帶往身上一拴，如意坐在裡面，她的雙手自然而然地舉上來環抱住我。剛坐下去的時候還叫了幾聲，我一走路，她就安靜了下來，轉來轉去看風景，或者睡覺。

比起抱著，背帶的力學設計更科學，我幾乎感覺不到孩子的重量；比起坐推車，如意在背帶裡更自如，她不會因為總是仰頭看天而時不時哭鬧 —— 哭得凶時，還得一個人抱起她，另一個人推空車。

「哎呀，小孩子坐在裡面會不舒服的啦！」

「你們也真是的，這麼小就讓她坐這個！」

「你這樣不行的！」最誇張的一次，我和婆婆在公園散步，一個老太太本來好好地坐在靠椅上，看到我們走過去後，「嗖」的一下站起來擋在我面前，指責我說孩子如果這樣貼著我睡覺的話會悶死的。

總之，沒人關心我會不會累。

我就這樣帶著她散步，經過朋友的店，就進去坐坐聊會天，全程她都很乖，眼睛好奇地轉來轉去。時間久了，直接貼著我的上腹部睡著了，周圍說話聲再大也吵不醒她。

　　如意五個月過後，說明書上說小孩能夠面朝外坐了，我便試著讓她和我們擁有同樣的視角 —— 儘管一開始因為看不到她的表情，我更操心一些，還要努力讓她的頭不往外伸。但她明顯精神大振，如果不是很熱，全程都在東張西望。時間最長的一次，是某天陣雨過後，空氣清新，我們走了大約兩個小時。

　　小孩多精啊，但凡有一點不舒服，她都會以哭、叫、鬧來表達。睡這麼安穩，就說明她是喜歡這個環境的。

　　「老人家的話」還有很多 —— 奶嘴不要用，形成依賴後怎麼辦；她這麼小，不要坐車上的寶寶椅。我要是回應「外國小孩一出生就坐寶寶椅開車回家的」、「外國小孩奶嘴吸到大」，他們立刻責備我「你又不是外國人」。

　　老人家總是質疑我，而我質疑的是，為什麼減少勞動力的「刑具」就不能是愛了呢？

　　如意有時也會讓我難堪。好幾次，我們去超市買東西，一路好好的，穿過公園回家的時候，她突然開始無休止地哭鬧，且哭聲慘烈。

　　「完了，這回老頭、老太太們就可以振振有詞了。」我小跑了起來，摸著她的頭說：「你給點面子啊。」

　　小孩的世界沒有邏輯、沒有道理，跟你的願望反著來是

常事。她也不是故意的，只是不活在成人的話語體系裡。在不同的意見裡生活，就要求我們內心有力量。

我越來越喜歡這種把孩子「穿」在身上的感覺，哪怕炎夏我倆都熱出一身汗，哪怕她越來越重後我的腰總是痠痛得直不起來。把孩子「穿」在身上，比推車更讓人有安全感。直到後來，我看到西爾斯在《西爾斯親密育兒經》(*The Baby Book*) 裡寫道：「多年來，我已經觀察到，被包在三角吊帶中掛在父母懷裡的寶寶長大都成了容易管教的孩子。」

那我就心安理得地接受了。

不是凡事不管才叫信任，也不是事事介入才是關心

我有一個一起坐月子的朋友，她多年求子，透過各種方法，才得一個女兒，比如意小了十幾天，白淨漂亮。在月子中心，她訂的是「一對多」這種集中看護模式套餐，就是嬰兒集中在嬰兒室，媽媽自己在房間休息，有需求時，再由月嫂抱回媽媽身邊。

而我媽覺得我高齡得一女，不忍心讓新生兒就這樣被集中管理，於是加了錢幫我訂了「一對一」的護理套餐，也就是一個月嫂負責我和嬰兒，就在自己的房間裡。

但我倆似乎都違背了兩種護理模式的初衷。

　　我一直埋怨如意在我身邊哭鬧害我沒辦法好好休息，早知如此就不花錢升級了，反正我根本不去抱她、摸她。

　　我根本不喜歡剛剛出生的她——所有人都對我的坦誠大為錯愕，而我也是後來才在英國著名兒科專家與精神分析學家威尼科特這裡看到，這種情緒其實非常普遍，他有過一個著名的論斷：所有的母親「從一開始」就厭惡自己的寶寶。當然，他的意思有點像「有多稱職也就有多厭惡」。

　　朋友則是我的反面，對寶寶愛到不離不棄的那種，二十四小時把孩子掛在自己身邊，寸步不離。解放了月嫂，累垮了自己。

　　朋友說得最多的是：「越是媽媽不在乎的孩子，長大越是孝順。我這麼撲心撲肝地愛她，還指不定她以後怎麼樣呢！」

　　每到這個時候，我都不知道怎麼回答。我不是不愛如意，只是，我覺得媽媽自己的修復更重要。新生兒有強大的看護體系，有月嫂，有奶奶、外婆，而媽媽，多數只能依靠自己的意志。愛的方式取決於媽媽的性格。我總是覺得，在撫育孩子的過程中不必過於擔心，要相信孩子與生俱來的本能。孩子的成長並不完全依賴你，因為他們自己本就擁有蓬勃的生命力。

　　正如陶行知說的：「人生天地間，各自有稟賦」。

　　而我也因此成為月子中心的異類，因為我看上去並不那

麼愛自己的孩子。

「你怎麼還戴著耳環、戒指啊？」有次在月子中心，朋友很好奇。在她們看來，因為要各種姿勢變換著抱孩子，媽媽是應該盡量避免戴首飾的。

「她又不去碰觸她女兒，」熟悉我的朋友說：「她都是在做自己的事情，每天只負責餵奶。」

「真想得開啊！」

「你就沒有想去抱抱女兒？」

人們又開始七嘴八舌。

我回想了一下，身為一個每天都有變化的小生命，她常常會有讓人想要駐足觀賞的時候 —— 會翻身了，會抓握了，會咯咯笑出聲了，外婆、外公、奶奶都會圍著她看啊、笑啊、拍照啊。而這個時候，我可能是在消毒奶嘴、整理尿布，或者抓緊時間躺一會。

我很愛女兒，只不過我不想湊熱鬧，我覺得這個時候就該把該做的事情做好，讓生活變得更加通暢。我本身就是這樣一個人。

如意四個多月的時候，因為一些特殊原因，我和老公要分別開一輛車回蕭山婆婆家。考量到老公的車更大，而我也不想承受如意在後面哭卻沒人安撫的壓力，便把安全座椅從

我的車上挪到老公的車上。

老公要在加油站幫車加油，我便在前方等，旁邊有一盒本來要帶到婆婆家的小番茄，趁著空閒，我邊吃邊看手機，一下就吃完了。工作群裡的朋友問：你怎麼還在傳訊息？不是在路上嗎？女兒呢？

我並非不想下來看看車後座的女兒有沒有在哭，只是，看了又怎樣呢？可能她見到我就要抱抱，反而哭得更凶了；可能我看到正在哭的她心生不忍了。不管怎麼樣，我們都得繼續趕路。

不是凡事不管才叫信任，也不是事事介入才是關心。

夜間不陪睡的媽媽

「如果長期沒有睡上完整的覺，人會死嗎？」我常會問這個問題，帶著點惶恐。

吃、喝、玩、樂、睡等人體需求裡，我最重視睡覺。即便是二十幾歲血氣方剛的年紀，我也幾乎沒有熬過夜，如果有條件，中午還得睡個午覺。

生孩子完全顛覆了我對「養育」的認知，原以為只是處理拉屎和止哭，卻沒想到還會因為哺乳而被剝奪睡覺的權利。

幸好我有愛我的媽媽和婆婆，從月子中心回來後，她們就主動承擔起了陪睡的職責。我睡在隔壁自己房間，有需求的時候過去餵奶，餵完後再回去睡覺。雖然老被打斷，好歹有幾個小時深度睡眠的時間。

大概因為不和我同睡的緣故，如意不到百日就自動斷了夜奶。人們對此的解釋是「她聞不到你身上的奶香味，也就沒了想吃的念頭」。

「三次夜奶裡大概只有一次是真的餓，其他幾次是單純的口腹之慾，想嗍嗍。」我聽很多人這麼說。

事實證明是對的。

如意七十天後，我們便帶她到處跑，住在酒店。這也意味著我、如意以及另一位陪同者（多半是我媽，有幾次是老公）要睡在一張大床上。即便我們大多採取橫睡——她靠床頭，中間是媽媽或者老公，我在最外側，避免孩子被大人擠壓，可空氣裡依然瀰漫著我的味道。這時候，一整晚她大約要吃四次及以上，我媽或是老公自然也被折騰得不行。

「為什麼不給她睡小床？」所有人都怪我太寵女兒。

總有育兒專家認為不讓寶寶睡小床會養成他們的依賴性，也不利於鍛鍊他們的獨立自主能力。

在我家，還得從買錯了一張小床說起。

我這個新手媽媽一直沒有足夠的心理準備迎接她，直到最後幾天才經我媽提醒給她買了個床。小床是買來了，但因為空間的緣故，只能貼在大床的右邊，但是可拆卸的擋板也靠右，這意味著大小床無法相連。

嬰兒和學步期的孩子在整個睡眠過程中，輕度睡眠的時間要比大人多，因此，她一有驚醒的跡象，陪睡的人就要立刻輕拍她，或是給她塞奶嘴，哪怕什麼都不做，她半夜裡睜開眼睛看到旁邊有熟人在時，才能安心地立刻接著睡覺。放她在小床上顯然沒辦法顧及這一點。

有一個午後，我媽陪她午睡。她中途醒來看到戴著老花眼鏡的外婆，突然一陣暴哭，因為我媽平時是不戴眼鏡的。可見，不僅要有人，還要熟人陪著，她才能睡個好覺，醒來才會笑臉相迎。

去酒店面臨的也是這個問題。酒店的嬰兒床都是能叫出名字的好品牌，但至今我沒有看到特別適合寶寶的 —— 有些太低，幾乎是貼在地上的，大人夜裡觀察不到孩子的動態；有些四周都是木頭且沒有棉花包裹，像如意這種喜歡翻來翻去的孩子一不留神就撞到。

我們又一次妥協，來來來，睡旁邊來！

等她長大些，過了半歲，又值夏季，說好要獨立睡覺了，結果發現，她的小床正對冷氣。

「算了，你就是不想睡小床！」

就這樣，她一直和外婆或奶奶睡。而我在後期也可以連續睡上五六個小時，才起來擠奶。

睡覺這件事，幾乎所有的育兒書和粉絲專頁上都會反覆提及和討論，說什麼的都有。西爾斯無意中成了我的支援方，他認為，和大人一起睡覺的孩子更容易培養親密關係，大人小孩都相對更輕鬆。而我一直覺得，沒有萬能的技巧，只要媽媽覺得好就好。

我有個出版社的朋友，她坦言自己奶睡女兒到一歲多。「奶睡」不是值得被宣揚的哄睡法，容易乳頭發炎，孩子也會形成依賴。但對我朋友來說，這一招很好用，女兒入睡快，她也跟著一起睡去，省去了很多力氣。現在女兒四歲了，並未表現出黏人的樣子。

我媽媽和婆婆也提過寶寶和老人家睡在一起並不妥，會有衛生問題。

「不行啊，媽媽，晚上睡不好我會很暴躁的！」我開玩笑地央求她們。

雖說我不是那個賺幾百萬的媽媽，但我也要在白天面對各種事務，需要精神高度集中，且不能咖啡攝入過量。

2021 年南方的秋天格外反常，天氣悶熱潮溼得像黃梅

天，而我房間裡的冷氣卻壞了。

「我來和如意睡吧，睡你房間，你去我房間睡。」我主動請纓，因為我媽本就不怕熱，一臺風扇足矣。

這是我真正意義上第一次和如意一起睡。她睡著後，我不敢關燈，也不敢摘眼鏡，她一有動靜我立刻看看她是不是醒了；她貼著我身上的毯子時，我第一反應是摸摸她的呼吸，怕她被悶著；我用手貼著她的胸脯，讓她有安全感，又怕我睡著了壓得太重，便捏住了她的腿；哪怕她好好的一點都沒動，我也要看看，是不是突然間翻身趴在了床上。總之，和嬰兒共睡，實在太煎熬了。

後來，隱約聽到我媽起來上廁所，我在心裡祈禱「媽媽你過來拯救我一下吧」，我想回自己的房間，我寧可被熱死。

再後來，我就睡去了，我媽也真的來了。她說，她進來的時候，我倆四仰八叉，中間還隔著一個人的距離。看上去，我已經放棄了成為一個盡責給孩子蓋被子的好媽媽。

第二天，新冷氣裝好，我又回到了自己房間。

新手媽媽面臨著諸多層面的困境，在神經層面，睡眠和甦醒模式被徹底破壞是不容置疑的。我總是在「寶寶睡覺時媽媽是抓緊睡覺還是趁機做事」間猶豫，而最後多半選擇睡覺。

有一天晚上只有我一個人帶她，碰上截稿，以及一個拖

延了很久不得不在當晚進行的採訪。全部弄完，已經過了十二點，這本來也不算熬夜，我卻已筋疲力盡。我對於事業的雄心又一次在睡覺面前敗下陣來。誰都別想拿睡眠來做交換，睡眠和誰都不等價。

我在寫下這篇小文的時候，心裡有些忐忑，社會輿論可能要置我於「自私」——你怎麼忍心讓六十多歲的媽媽承擔夜裡陪睡的職責？你也知道陪嬰兒睡覺很辛苦，你怎麼還能自己睡得那麼香？

我並非沒有考量過。

我們也為此專門討論過。媽媽保持充足的睡眠和好心情，有助於提高工作效率。睡得好，工作有成就感，媽媽就會開心，才有優質的奶水和體力。兩位媽媽雖然晚上的睡眠也被迫支離破碎，但可以趁白天陪睡的時候補覺。對她們來說，平靜和諧的家庭遠比一個完整的覺重要。

你不用特別愛她

「明天的約會，你們帶如意來嗎？」烏姐姐問我。

「不，絕不！」我堅定回答。

這是老陳回家辦事的三天裡唯一一個有空的上午，我們

和烏姐姐約吃 brunch。在高奢酒店，麵包、乳酪、咖啡自由是一方面，我這個埋頭寫字的奶媽也需要一些新鮮的靈感，尤其是不相關行業的資訊。婉拒了那些純聊天的約會，我們只赴這場約，而且，把如意丟給了婆婆。

「帶來呀，讓我看看啊！」一般這麼說的，都是當過媽的。

我的腦中本能閃現出如意在安靜的雲端餐廳哇哇大哭的場景，或者，就是她最近愛做的 —— 津津有味地吃著手，把手從嘴裡掏出來，再在空中晃一晃，最後朝我伸過來！

即使是我的親生女兒，當她即將要碰到我的肩膀或是臉的時候，我還是會本能逃開，再看看她嘴邊的唾沫，每次我都忍不住說「你真是太噁心啦」。當她整個嘴噘過來時，我比她更快地一個箭步躲開！

成人的口腔有很多細菌啦！你這樣會弄髒我的衣服啦！我不想有意義的聊天被打斷啦！

總之，在某些方面，成人和嬰兒的世界勢不兩立。

好巧不巧，正在裝潢新房子的婆婆不得不去收貨。婆婆請來小姨和相熟的鄰居幫忙代看一下如意，提前準備了足夠的母乳，還有小餅乾。

婆婆很體貼地給我們傳了訊息，叫我們安心慢慢享用早

午餐，和朋友好好聊聊天 —— 算是非常縱容我們當父母的自私了。

誰知，如意完全不認人，奶也不吃，回到家，婆婆正抱著她。

「我好緊張啊，其實你不用跟我這麼好的。」我對如意說，這也是我的心裡話，多麼希望她能黏著奶奶或者外婆，我就可以重回自己的天地了。

可是，我的天地在哪裡呢？

我生孩子的經歷更像割了個闌尾，而不是大多數人理解的「分娩」。因為打了無痛，沒有太強烈的疼痛感，以及產後恢復較好，沒有遭太大罪，一直以來，我對她的感情，和「骨肉」關係不大，若非要說，就是來自朝夕相處的陪伴。

「我很愛她，但又不是那種愛，那種傳統意義上的愛。」

傳統意義上的母愛是什麼呢？

蔡朝陽的總結特別有意思 —— 孟子之母，搬家；岳飛之母，刺字；孟郊之母，做衣服。她們的形象出奇地相似，一言以蔽之：悲情。除了是媽媽，什麼都沒留下。

媽媽有廣闊的天地，要愛大自然、愛你的朋友、愛新奇的設計、愛新開的酒店、愛風味濃厚的咖啡和紅酒、愛那些寫下好文字的作者……

「你不用特別愛她，和朋友一樣就行。」老陳說。

如果真是這樣，下次就帶著如意一起吧，因為她是我的朋友啊！

05 長到多大帶出去玩才合適？

關於帶孩子出去玩這件事，很多時候事後回想都是「值得、值得」，而處在進行中時，的確是不安和刺激的。有意思的是，回過頭看看，孩子毫髮無損，演的都是成人的內心戲。

而我也是第一次這麼瑣碎地講一個「帶新生兒出門」的故事，從有想法到做準備工作，再到行進在途中，最後平安歸來，像是對一部電影的細膩拆解。

事實上，第一次帶孩子出去真的很難。除了吃奶、哄睡、止哭這些可以想像得到的困難，還有外部洶湧世界對她的態度，在這方面，我也一無所知。所以，在看《他鄉的童年》芬蘭一集裡，竹幼婷說「以前在香港，每次帶孩子出門心裡都很內疚，好像帶了一個麻煩，一個打擾大家的東西」時，我覺得被說中了。但也好在有竹幼婷，到了芬蘭後，她發現，這邊媽媽最大，媽媽是「老闆」。這似乎是衡量一個地方文明程度的指標。

「如果我不被待見或遭到不公平待遇，只能說明這個地方太落後野蠻了！」我對自己說。

也要感謝第一次，儘管以後的每一次出行都有不同的故事發生，但繃緊的心每一次都會鬆動一些。

70 天，開車回杭州

兩週前，我在社群媒體發了張河南民宿大會的邀請海報，表示遙祝和遺憾不能前往。我媽看到後跟我說：「我們一起去好了，我帶娃。」

這麼有信心？高鐵五個小時呢。

要知道，在此之前，我們連樓下都沒去過 —— 是我自私，我覺得，要是開了第一次下去玩的頭，她會不會每天都要求出去玩？而我家住高層，且沒有電梯。

河南我是不敢去的，但是，回個杭州還是可以的吧？我蠢蠢欲動。

我一直想著要回去一趟。一來要去北山路一家民宿辦點事，已經拖很久了；二來得去解綁兩個一直在扣錢的廢掉的手機號碼。

查了下民宿的房態，又看了看交通管制，我決定週日前往，帶著七十天的嬰兒和父母。

我開始準備寶寶的隨身物品：換洗衣物三身、尿布、維

生素、枕巾、溼巾、紙巾、棉柔巾、安撫奶嘴（雖然對她幾乎失效），把這些裝在她自己的專用手提包裡。

還算簡單。

然後是我的東西。除了身分證、充電器、車鑰匙、筆記本這些常用出差物品，我所有的擔心都在「萬一塞奶了怎麼辦」上。我拿了退燒藥、消炎藥，還有一次性小針，萬一乳頭冒白泡就要自己及時戳破。

因為家門口築路，車一直停在我爸公司。出發前一天，我把車開去修車廠給輪胎打了氣，並加了雨刷的水。

所有這些，是我能預先做好的。

但是，寶寶給我搞了點麻煩。

之前之所以膽敢帶她出去，是因為過去一個月她表現尚可。

睡，哄哄就可以；吃，親餵基本實現供需平衡，且兩頓可以間隔四小時左右，我可以自由很久。

然而，出發前兩天，新的狀況來了，她開始不好好吃奶。比如，只吃一邊就開心地朝你笑，用盡了辦法也不吃另一邊。過了不到一小時又想吃，還是吃不了多少。更惡劣的是，她經常吃著吃著就哭了。嗝也拍了，哄也哄了，也給臉色看了，就是不好好吃。

那就是不餓或者脹氣吧？

除了益生菌沒讓她吃之外，排氣操、趴趴墊、飛機抱、熱水袋……招數都使過了。她的確三天沒拉屎了，我們趕緊去買了一包益生菌讓她吃。

因為不能順利幫我將奶水排空，我不得不帶上吸奶器、儲奶罐、奶瓶，以及，消毒櫃！

緊接著，我開始失眠，每晚都在預設各種可能，再自己找解決辦法 —— 雖然事後證明都是白費工夫。

如果我生氣或者太累導致奶水不夠怎麼辦？是讓寶寶哭累了睡去，還是臨時去超市買奶粉？（奶粉一旦開封，三週內就要吃完，但我母乳很夠，加上冰箱還有幾十包凍奶，所以我不太想開那桶備用奶粉）

如果夜裡塞奶了怎麼辦？是去醫院還是先自己硬揉、硬擠？或者，乾脆連夜開車回家算了？

去的路上喝水要上廁所，我就不喝了吧，那下一頓奶會不會不夠？

想得我頭痛，怎麼都睡不著。

終於，到了要出發的那天。

考量到如意上一頓是凌晨三點半吃的，我一算，下頓差不多在八點左右，吃完正好出發。就算塞車也要不了四小

時，下一頓來得及到地方再吃。

我六點半起來，吃早餐，打算出門前先去通乳（真是一天都不敢怠慢，走前通個乳安心）。結果，她哭了。

不行，全家上陣拖住她。我媽先起來洗漱，我爸哄她，給她吃益生菌墊墊肚子，總之，就是不給吃奶（其實我相信嬰兒應該保持三分飢和寒）。事實證明，她還真的不是餓，說是在熱水袋上趴趴就睡著了，直到我八點半到家。

於是，我們還算順利地出發。因為汽車的顛簸和白噪音，她也很給面子，睡了一路。

直到過了登雲路高架出口，她哭了。我媽一聞，一股臭味。

拉屎啦！全家振奮。終於拉了！

我立即轉道，先回自己家，正好大家也想上個廁所、喝口水，省得一會還得堵在北山路。

儘管空歡喜了一場，至少大家都放鬆了些。幫她換了尿布，我們上完廁所，吃了水果繼續趕路。

到地方以後，我心裡一直過意不去，感覺父母是來做保姆的，就催促他們去湖邊走走 —— 儘管因為我居住在這個城市，他們對杭州並不陌生，但是，怎麼說這次也是住在西湖邊了。於是，他們就抱著如意去蹓躂了。至於我，兩天沒好

好睡覺，又開了一路車，實在不想走，就在院子裡和店長聊了會兒天。

「這個小寶貝好可愛啊，多大了？」、「才七十天就帶出來了？你們膽子也太大了。」我媽回來後，轉述在麯院風荷遇到的路人的話。

七點鐘，餵完奶，我去沖澡，手動把奶排空。繼而如意開始哭鬧不止。也許是因為來到了新的環境無法入睡吧？我好擔心會影響周圍的人啊（幸好是週日，旁邊只有一戶客人）。儘管我媽考量到我第二天又要開車，把她抱去了隔壁我爸睡的房間，我還是遲遲無法入睡，直到夜裡兩點被通知過去餵奶。

第二天早上六點半，我準時醒來，她也醒了，笑咪咪的。好朋友傳來訊息，問是否可以見上一面。帶娃出行的日子就是沒辦法把行程安排得太滿，儘管我大部分的朋友都在杭州，我一個都不敢約。

八點不到，我們約在對面星巴克，點了想吃很久的鬆餅。坐在那裡的時候，過去早起喝咖啡寫字的生活場景又回來了，久違了。

100 天，陪爸媽過結婚紀念日

所有人都在期待如意的百日，彷彿那天一到，她就將停止哭泣。

「你們百日照訂好了嗎？」

如意百日前，很多人問我。

什麼意思？為什麼要訂？

哦，就是那種千人一面的定妝照啊。

自己拍不可以嗎？手機這麼強大，濾鏡這麼強大。

我不要拍，就像我堅決不拍那種化了濃妝、一樣造型的孕期照。

但我們還是帶她回了趟杭州。也是巧，正好碰上老陳一個月回來一次的時間，而她百日後兩天正好是我們的結婚紀念日，以及，（估計）懷上她的日子。

我和老陳一個是酒店愛好者與寫作者，一個是酒店從業者，那就找兩家想去又沒去過的新開酒店。

有過七十天帶她去西湖邊住民宿的經歷，這次就不那麼緊張了，儘管出發前一週我明顯感覺親餵不太夠她吃。

提前一天凍了冰袋，準備了一袋凍奶，備了一罐奶粉。其他就是日常用品，換洗衣服、尿布、洗護用品。

寶寶座椅也到了。

「你看，有了如意，你都不坐副駕駛座了。」老陳說。

「我坐後面還是可以和你講話的。」我心想，這有什麼，如意往寶寶椅上一坐，我就解放了。

誰知如意一點不讓人省心，只安靜睡了二十分鐘就開始哭，到後來沒辦法，只好把她抱起來。

第一站是科技城康得思酒店，亞洲地區第五家。從周邊環境來看，和虹橋很像，周邊都是外企創客，生活節奏很快且人流量大。

因為提前告知酒店，嬰兒床已準備妥當。儘管如意還在哭，我的首要任務是取出凍奶讓它自然解凍，繼而脫衣服安撫她。吃也吃了，尿布也換了，趕緊，趁她心情好，推去「明閣」吃飯。

打卡明閣是入住康得思的一項重要任務。這家擁有米其林因子的中餐廳名氣很大，香港康得思酒店的明閣連續八年入選《米其林指南》。

高級餐廳啊，怎能容忍一個嬰兒啼哭呢！

萬一吃飯的時候她哭怎麼辦？我們早就討論過這個問題了。

要麼抱著她，要麼換到包廂，要麼輪流吃，最不濟，只

能叫到房間裡吃了 —— 對我倆來說，體驗不到餐廳服務和現場感的話，就無所謂是明閣還是沙縣了。

既然抱著可以解決如意的哭鬧，那就抱吧，無非就是我和老陳得互相餵食。

很快就到晚餐時間了。老陳抱著如意，對她說：「如意，你給我乖點。雖然今天是你百日，但也是我們的結婚紀念日。」

老陳挑了一家該區域排名第一的西餐廳，可惜我們不僅要一直抱著如意，還得抱著她走路！虧得西餐廳音樂聲大，就餐人多，沒人介意有哭聲，更沒人管我抱著她一圈、一圈繞著餐廳走路。

直到最後，兩人都扛不住了，打包走人。

如果說第一天有什麼難點，那就是如意似乎不太認老陳，我不僅沒做成甩手掌櫃，抱她的時間幾乎抵得上過去兩個月了。

次日七點半，我游完泳回來，如意還在睡。

「我想和你一起吃早餐。」老陳說。

「那如意怎麼辦？」我問。

「帶著一起，她早上很乖。」老陳說。

「可她還沒醒，弄醒她，她會不開心的。」我決定先去吃。

老陳還是愛女兒，他倆一塊去了餐廳，據說還餵了她兩口米湯。

等父女倆回來，我們幫她在浴缸裡洗了澡，做了精油撫觸，算是乾乾淨淨迎接百日。

120 天，去鄉村

夏天將至的六月，婆婆暫時回蕭山自己家了，少了一個幫手，我和我媽輪流操持育兒和家務，我還得擠出時間來寫作。尤其一到傍晚，如意非得鬧一鬧，更是拴住了我們的腳步。我說，週末要不去計阿姨那邊住兩天吧？

計阿姨在安吉五峰山造了一個運動村，2,200 畝山野，無限延伸的山脊線，峽谷、溪澗、湖泊、半島、田園、屋舍，計阿姨和她的先生計劃打造一個有鄰里溫度的共享烏托邦。

120 天的如意已經出過好幾次門了，住過民宿、酒店，聞過咖啡、紅酒香和肉味，這次，再來點不一樣的，聞聞大山裡的清新空氣，聽聽鳥叫，還有羊圈裡的咩咩聲 —— 儘管這在很大程度上是大人的意願。

對於孩子來說，在無所拘束的大自然裡，有的是他們玩的。因此，在國際青少年營地裡，叢林穿越、彈跳床、攀岩、速降、滑索，每個項目都能讓前來遊學的孩子們興奮不

已。童年，是和萬物初遇的時候，大自然是孩子們的啟蒙。

午睡醒來，去計阿姨家做客，就在我們所在公寓前面的排屋。計阿姨有個剛滿週歲的孫子壯壯，這也是如意第一次真正意義上看到和她差不多大的小朋友。他倆一起趴在塑膠墊上，這是如意近期最喜歡的動作。壯壯早已經會爬，在大人的指示下，給如意玩一個母雞下蛋的玩具，蛋下了後他再爬到遠處撿回來。

養到這麼大就好了啊，我不禁心想。

壯壯雖然還不會說話，看上去已經是個小大人，會用手指指需要的東西，表達內心意願。

「還是很麻煩的，你看，得有人專門看著他，不然就摔了。」計阿姨指指壯壯額頭上的傷疤，那是因為一不小心跌在了踢腳線上。

「還有，出門得為他準備易帶的水奶、果蔬泥，哪像小時候，只要帶上媽媽就有的吃。」

滿月就好啦，不會那麼鬧；百日就好啦，睡覺能乖一點了；半歲就好啦，互動多些了……

而事實就如計阿姨所說，一過百日會翻身了，如果不在小床上，就得防著她跌倒；過了六個月，得新增輔食了，遠沒有現在只喝母乳這麼容易；等到會走路了，你得彎著腰護

著她，腰都要斷了；等到一歲半，孩子會變得淘氣，但也招人喜歡，大人可以跟她說話、逗她，等到她兩、三歲甚至更大之後，有了自己的思想，不再願意任由你玩耍。

所以，沒什麼等不及的，該來的都會來，而當下的每個年齡段才是最好的，好好珍惜。

走的那天，我們參觀了正在建的松月半島。方盒形的外觀，就像吊在樹梢上的鳥巢，推開窗戶，伸手可摘松果。樓下的院子用了樹椿的顏色，像極了芬蘭的桑拿樹屋，是一種高階的度假感。我想到《代筆作家》裡，中谷美紀那所郊外大宅，以及背靠大海的寫作臺；或是《森林民宿》裡小林聰美守護的木屋，每個來這裡的人都留下了一個故事，一段啟發；又或者像《人生果實》裡，夫婦倆開啟在院子裡燻了三天的培根，在水槽貼上「小鳥請享用」的標籤，與朋友們互寄明信片來保持聯絡。梅花、柿子、櫻桃、栗子樹，春天播種、秋天堆肥，它們伴隨著修一與英子從新婚到高壽，在四季的更替中結出累累碩果。

時間緩慢，四季分明。

大概只有早早撮合如意和壯壯，我們此生才能享用一套樹梢上的別墅吧。

160 天，蘇州酒店遊

如意 160 天的時候，我們要去蘇州和過去考察的老陳會合，儘管他只待一晚，我則索性安排了三天四夜行，體驗一把我一直嚮往的酒店。

我有時候在想，我也許有這個條件，讓孩子從小就接觸和認識不同的人，讓每一個人的人格、經歷、生活感悟，擴大孩子的視野。而她也會從各式各樣的人裡，甄別出自己的喜好，知道自己想成為哪種人，不喜歡哪種類型的人。

如今帶如意出門已經頗有經驗，準備工作輕車熟路 —— 趁她要睡的時候出發，她就正好能在車上睡過去；事先準備一點點奶，在車上餵她，分散注意力；吃過輔食後，可以再備幾包嬰兒小餅乾，都是安撫工具；天氣炎熱時，水墊提前放冰箱，再鋪上防潮墊，舒舒服服睡兩小時沒問題。

因為工作的關係，我可以一直帶著她四處轉悠，以酒店為目的地，體驗酒店的設計感，理解美的表達 —— 儘管這些，都只是我個人的美好設想。對於一個嬰兒來說，「見世面」是大人的一廂情願，如意反而是那個被折騰的人。每天換一家酒店的行程，很多成年人都覺得無比麻煩。我有時候想，坂元裕二在《母親》中的那句臺詞太深刻了：「對無償的愛，您怎麼看呢？父母對孩子的愛是無償的愛，這句話，我

覺得應該反過來，小孩對父母的愛，才是無償的愛。」

有天下午，我們住在以蘇式宅邸為設計靈感的蘇州柏悅酒店。我讓媽媽去游泳，我和如意一起午睡。陽光透過窗簾，斜斜地灑進一道光。

原本已經睡著的她，突然驚醒，環顧四周，發現不是她熟悉的地方，一副馬上要發作的樣子。

「媽媽很睏了，想睡覺。」我輕輕對她說。

她看看我，開始觀察屋子。

我們此刻正待在蘇式古宅三進式設計的第二進，臥室。左邊有兩扇古典屏風，作為書房和臥室的分隔。她看了很久，我也跟著一起看，江南煙雨的朦朧感油然而生。

右手邊的牆上有一幅水墨畫，上題「落盡梧桐秋影瘦。菱鑑古、畫眉難就」。

孔雀藍宅邸門是過道、衛浴和臥室的隔斷，門把手和地毯上充滿「十字海棠」元素，意為「玉堂高貴，滿堂平安」。

我就這樣，跟隨她的視野，靜靜觀察了一遍客房，以半躺著的姿勢，時不時向她「介紹」這些設計。每換一個方位，如意都會轉過來先看看我，接住我的眼神後，繼續觀察下一處。最後，整個房間都看了一遍後，她忍住哭聲，自己睡了過去。

我忽然有了點成就感。我從那個她一哭就渾身緊張的新

113

手媽媽，到尚且可以依靠餵奶來做安撫，到現在，我幾乎什麼都沒做，她就安靜睡去了。做得越少，越是輕鬆，而這種鬆弛感，她是能察覺到的。

後來我跟我媽說起她今天驚醒，我媽一點都沒感到驚奇，前幾天在別的酒店也是這樣，只是因為我不在沒看到。

「這小孩，認人、認物，都要比別人早。認得早，大概是聰明的表現，但也苦了帶她的大人，因為她只要固定的幾個熟人抱。」

或許她正在成為一個有趣、充滿好奇的人呢？我勸我媽別去管她是不是認人。認人、認物終歸是一種本能，無論早晚，都要會的，不由家長控制。

想到前幾天，我發現她居然會爬了。老話說的是「七坐、八爬」，她才五個多月，有點出乎意料，順手發了篇貼文。朋友紛紛留言「厲害、厲害」「了不起、了不起」「人家要八個月才會爬，你家寶寶真是聰明」。唯獨有個朋友說了句「你用不著得意，人啊，最終什麼都會的。」

像是一盆冷水，但也提醒了我，不要比較。

其實，這種提醒早在如意百日的時候老陳就說過。如意百日的時候是 7.2 公斤，我無意中說了句「我倆出生時同樣重，但我在百日的時候已經將近 9 公斤了，可見如意就是不好好吃飯」。老陳就說，你別比較啊，每個孩子都是不同的。

孩子的出生是一個機率事件，每個小孩自帶劇本，父母瞎使勁沒用。就算她早早能爬、能走、能說話，她依然有自己的軌道要走；就算我早早讓她接觸世界、住奢華酒店，她也未必以後能在這方面有天賦。

我在《私家地理》雜誌的編輯跟我說，她女兒特別愛讀歷史，看個《三國演義》都哈哈大笑。

「你能想像嗎，我小時候最討厭歷史了！」她說。

另一個朋友特特媽就更有趣，她在兒子預產期不得不提前的那一刻就哭了，因為她不想要個射手座的兒子。特特媽是摩羯座，嚴謹周到，完全反著來的射手果然讓她措手不及。

她說：「我從小翻牆、鑽狗洞、上樹摘柚子都幹過，而隨著我兒子漸漸長大，我發現他怕髒、怕水、怕黑、怕蟲、怕高，從小運動細胞失靈。」

　　但是，即便是有基因的力量，你也要去接納你和孩子的極大差異，更何況是他和其他孩子的不同。

　　前幾天在和特特媽的聊天中，我被感動到了。

　　特特媽一直有個想成為建築師的願望，但是這麼多年了，兒子和她完全不一樣。直到她發現兒子最近愛玩一個建造類的遊戲，叫《我的世界》，忽然有一天他說：「媽媽，我以後想當一名建築設計師。」

　　原來有時候，孩子想幫你實現你未達成的心願，並不需要你的雞血，這才是基因的力量。

199 天，看上去很美

　　如意 199 天的時候，我媽來婆婆家接我們，我提前訂好了酒店。

　　木守西溪酒店位於西溪溼地，正如其名，彼時夏末秋初，秋老虎來襲，讓人想到《紅樓夢》裡的場景——「只見赤日當空，樹陰合地，滿耳蟬聲，靜無人語。」傍晚背著如意在酒店散步，蘆葦滿目，蒹葭蒼蒼，小舟浮在水面。酒店工作人員採了打碗花，說拿回去直接插花瓶，裝點餐廳。我們點頭致意，如意看著她採花又離去。

「木守」就是柿子樹上最後一顆果實的意思，柿子是西溪溼地的特產。這個時候，青柿已經像燈籠一般懸掛在枝頭，再過幾個月，就有「火柿」的景象。摘一個給如意，她能玩很久。

聽到蟬鳴的時候，如意的頭就轉來轉去，積極尋找聲源。我跟她說：「這是蟬鳴，是夏天的聲音，別的季節沒有。」

我常年做酒店採訪和寫作，幾乎沒有酒店會企圖抓住親子市場。然而，「親子空間」絕不是在鋼筋水泥的建築裡布置出一個兒童樂園就可以了。真正的「親子空間」是接近自然又滿足成人入住需求的。什麼是好的家庭教育？父母和孩子都舒服，感覺不到「教育」的時候。

介於我的工作性質，我有過不給如意上幼兒園的打算，就這樣一直把她帶在身邊。

「孩子還是要接觸社會的！」大多數人都是這個反應。

「不上幼兒園，可能對孩子好，但你更累。」少數人看到了問題的實質。

在大多數人看來，「不上幼兒園」等於「把孩子關在家」。然而，我要是決定不讓她念幼兒園，又怎麼可能只是讓她待在家裡？正常語境下的「帶娃玩」肯定比幼兒園這個社會更複雜更有趣啊。

從來沒有人看到，其實，不讓孩子上幼兒園是因為媽媽心甘情願付出更多。

歲月靜好了沒多久，如意開始階段性暴哭，甚至拒絕吃奶。

是不熟悉新環境吧？畢竟剛從住了將近一個月的奶奶家接過來。

可是，不管怎麼樣，媽媽總該認識啊，為什麼連我的安撫都發揮不了作用了呢？為什麼連坐在背帶裡四處晃蕩都不耐煩了呢？

寶寶也很心累很迷茫啊，三天兩頭換地方，她的腦袋裡裝不下那麼多新鮮東西。

我們調整了下心態，回到房間，把她放在書房的榻榻米上。

「現在，要躺要趴都隨你，要哭就放聲大哭，不要有心理負擔，吵不到別人了。」我對她說，也是對自己說。

直到晚上八點，一口氣吃下一大罐母乳沖米糊的如意終於睡下了，睡得還不錯。第二天碰到酒店工作人員，關切地問如意好不好，昨天看著她在我背帶裡暴哭狂叫，他們也很著急。

「不過，從小就熟悉多人、生人環境的孩子，總體還是好的，以後的很多焦慮都能更快撫平。」工作人員追加了一句。

以後有什麼焦慮？我對未來不做預習。

斷奶、入園、分離……不僅是大人，小孩也會在特定階段面臨焦慮。酒店總經理告訴我，她有個五歲的女孩，頭幾個月養在家的她一直很安靜，八個月的時候帶她去了一趟馬來西亞，回來就像變了個人，咿咿呀呀充滿了表達欲。

自信就是知道如何表達自己。

從某種意義上來說，是全家人在幫我滿足自己的欲望，順便開發了一下嬰兒的某種能力。家中育兒也沒有什麼不好，我恰恰是有這個條件和閒情。只要有媽媽的愛，孩子都會健康成長。

250 天，孩子的成長是個減壓的過程

聽過不少人嚇唬我說，你覺得孩子現在很煩人？等她會走路、講話，你會更煩更累。或許是對的，但勞累如果能換取某種平等，不失為一種減壓。

如意雖然每個月都在旅行，從常州到湖州，再從湖州去常州，我依然會視情況帶她外出，邊工作邊帶娃。

秋天柿子掛梢頭的時候，我們帶她回了趟杭州，住在西子賓館。私家湖岸線長達 1,560 公尺，坐擁近 20 萬平方公尺江南園林，對如意來說，不用出園子就可以聞到新鮮空氣，看西湖遊船在她眼前倏忽而過。而一場名為「柿柿如意」的採摘活動裡，如意成了全場最小嘉賓。

「這次就不帶消毒櫃了吧？」我和我媽商量著。

「我也正想說，以前養小孩的時候哪裡有這些電器。如意是時候不要追求過分乾淨了。」我媽認可。

三個人的隨身衣物都塞進一個行李箱，外加一輛可摺疊式小推車，我們就出門了，到酒店第一次無須勞煩禮賓。

當我試過一次不帶消毒櫃，其實也意味著更多出行的可能，理論上可以帶如意去更遠的地方了。

而之前出行最糾結的關於吃奶的問題，也隨著如意的長大不再是問題 —— 即使我的奶水不夠她吃，她還可以吃飯喝

粥，只要是原味，幾乎所有大人的東西都可以幫她解餓。有幾次，酒店自助早餐裡的白米粥因為是小火慢燉，比家裡做的更香，她反而吃得香。

當孩子逐漸長大，我開始願意把她抱到朋友、同行面前，而不是讓我媽在房間裡陪著她。就算她因為認生而在公共場合大哭，我也可以很從容地假裝笑話她，再把她接過來。很高興我開始和以前那個守成、怕事、困於瑣碎生活而不敢放手的自己搏鬥。突破局限的力量是愛，這個愛，除了媽媽的本能，還有如意對我的回應 —— 她偶爾會突然撲到我的懷裡來。

回去的路上，如意把奶嘴弄丟了，到家後怎麼都不肯睡覺。因為舊的奶嘴本來就破了，我想都沒想就上街給她買了一個新的。同一家店，幾乎是同一個型號，沒想到她死活不要，塞進去又吐掉。無奈之下，我抱著試試看的心態去車裡找。靈了，舊奶嘴一塞進去她就睡去了。

人生中第一件物品一定是最珍貴的。

一直在路上

260 天的時候，我們去了莫干山郡安里，晚上坐電動車從餐廳回山頂的房間，跟她說「如意抱緊媽媽」、「如意，現

在很冷，妳不要睡著哦」，她真的就靠在了我肩頭，後面的客人說她眼睛睜得很大。

284 天的時候，我們去了南京，在國際慢城 —— 高淳的浮生叔叔的度假酒店裡玩了一下午，還吃了蟹宴。中午在高淳老街，發現忘記給她準備中飯了，餛飩皮也都是鹹味的，店主很抱歉地給了我們一碗飯，如意也真吃了。

…………

年末的時候，如意的出行版圖在某個區塊裡已經密密麻麻，住過的酒店兩隻手都不夠數。很多人說，如意見識真廣啊。我說，某種程度上她可能還不如我們家門口水果店裡的孩子 —— 那個比如意小半個月的男孩，一有空就被抱在水果店裡，他見過的人未嘗不比如意多。那些所謂的「經歷」，只不過是大人們以為的罷了。

每個媽媽都可以依據自己的職業特性為孩子製造一些方便，這沒什麼可炫耀的。而孩子的未來誰也說不好。

等到明年，如意奶奶家的新房子可以住人了，她可能又要跟著我三地遷徙。也有可能，老陳又被調職，要去一個新的城市。我想到自己的遷徙：我曾旅居布里斯班、上海、寧波、普陀山，常居杭州，後來又輾轉於湖州和常州。雖然，短居的地方不是東京、紐約這些大城市，卻肯定比旅行更持久，是居住，是生活著。巧的是，這幾年流行的露營，究其

本質，也不失為一種遷徙的、不固定、求新的生活方式。

　　每一段遷徙故事都帶有私人化的標籤，在日後的工作生活中，都將化為對外輸出的一個符號。如意在長大，會有自己的認知和選擇，無論在哪個城市、哪家酒店，都該問問自己，是奮勇弄潮還是隨波逐流。

06 隔代之愛

三代之間延續的愛

如意頭兩個月的時候根本不要我，為數不多的母女照裡都是她暴哭的臉。因為一直以來，都是外婆和奶奶陪著她，晚上睡覺也是，外婆一天，奶奶一天。

我拒絕和她睡。

一、兩個月的時候，她整晚地哭鬧，而我本身又剛生產完，老人家心疼我，只在她要吃奶的時候抱過來；後來，如意不吃夜奶了，我也嘗試著和她一起睡，過程都很折磨人。她雖然不哭，但會在驚醒後叫幾聲，一晚幾次，加上我又得定時起來擠奶，根本別想好好睡。在她 120 多天的時候，我們一起去安吉五峰山的夜裡，我徹底斷了和她睡覺的念頭。那晚，已經認人的她突然暴哭，我把她安撫入睡後，企圖解放一下我媽，就陪著她睡。這一晚，她索奶四次。最後大家都歸結為我身上的奶香讓她嘴饞。

總之，如意一直不和我睡，包括午覺，我媽和婆婆承擔了大部分的養育工作。我看到一組資料，祖父母與孫輩居住在一起的比例達 66.5%，兩者每週見面次數大於四次的達 64%，幫助子女照顧孫輩的老年人比例達 66.47%，祖父母甚至被一些媒體稱為兒童早期教育的「第三代父母」。

「隔代教養」在 80、90 後年輕父母這裡是常態，我甚至

沒辦法想像滿腦子工作的我，如果沒有強大的家庭支援系統該怎麼活下去。而這種隔代教養對於我的父母輩來說，則是一種奢侈——你小時候，外婆、奶奶哪裡有空帶！他們總是這麼說。

突然有一天，如意變得很依戀我，坐在我胸前的背帶裡，目不轉睛地盯著我看，滿眼都是愛。

「她這樣看你，你真的得多疼疼她啊。」我媽和婆婆都看不下去了。

她也會在看到我時無緣無故地笑。我媽和婆婆說：「我們都要逗很久她才笑一下，而你只要一出現，她就笑了。」

我沒有掌握更多的技巧，唯一的變化，是我開始有點放鬆了。這也是母女間與生俱來的依戀吧？

我和我的媽媽也是。

每次因為工作或者心癢癢要出門住酒店的時候，我都對來做「保姆」的媽媽或是婆婆感到過意不去。如意還沒養成獨自睡覺的能力，媽媽就得陪著她，從而沒辦法和我們一起吃飯；雖說是出來度假，媽媽卻被拴住腳步，上下午各一次陪睡，只有晚上我回來後，她才稍微解放一下。我總是趕緊讓她享受一下酒店的泳池和桑拿房，裝作很坦然地說：「你去吧，我能搞定她。」

在酒店大堂採訪完,我的慣例是要一杯酒,當下就把採訪的內容整理成稿,就不用積壓成稿債。而現在,我得趕緊回房間。如果媽媽正抱著如意,我想幫她分擔下 —— 雖然,管孩子本就是我的事。

吃完早餐,離採訪時間還有一小時空檔,便和媽媽帶著如意去西湖邊走走,我好幫媽媽拍照,讓她沒有白穿好看的衣服。

婆婆、小姨也特地趕來看如意,明知住在酒店吃喝不愁,還是帶來洗好的櫻桃、荔枝,這是一種寵愛的習慣。

朱天心在《擊壤歌》裡寫過,有一天下午,媽媽很高興地回來,說自己和兩條最喜歡的狗狗在山坡上唱了一下午的歌;我也不禁想到《學飛的盟盟》這本書裡,那個習慣採擷、穴居、行蹤像鳥獸的盟盟。

時光流逝，並未消失，而是在三代之間延續。養育孩子，從來都是無條件的，媽媽常開玩笑說：「等你長大了，就回杭州讀書了，也不記得外婆抱著你散步了。」可是，我們不會因此就不愛她，我們愛她也不是為了要她回報。

生活的教養在日常

夏天的時候，我們在客廳裡鋪一層軟墊，再在上面鋪一層席子，算是如意的活動區域，既不會擔心她跌落，又相對涼快，大人做家務時也看得住她。

清晨，我爸帶早醒的如意去散步，我趁機安靜地練會瑜伽。夏天清晨的好日子不多，很快太陽就升上來了。我剛練完，他們就回來了，就得手忙腳亂地為她鋪席。

129

「晚上你就別收起來了啦，這樣白天就不用再鋪開來了。」有一天，我終於忍不住責怪我媽。

我的媽媽是一個非常講究、事無鉅細的人，毫無疑問她肯定要說「一整夜都那麼鋪著，會有很多灰塵和細菌」。所以，為了避免反被她說，我已經忍了很久，也總是盡可能抽時間出來，趕在她之前擦晒席子。

「晚上將席子和攤在上面的玩具、書本和識字卡片收起來，白天再鋪開來，從她自己的籃子裡將需要的玩具一件件取出來，這是一種生活習慣。」我媽這麼回應我，「每天重複這些事情，她就知道現在是晚上，我們不在這裡玩了，該去房間睡覺了；如果還要在地上玩，就得等明天清晨散完步回來。」

好的教養都在日常生活裡。

好的教養都在無數次的重複裡。

儘管我總是反抗，總是用「生活不是為了打掃衛生」來反駁我媽的潔癖，此刻卻被她說通了。

我過去健身時專門放洗護用品的塑膠提籃，現在則是如意的專屬，裡面放了一隻玩具狗、一輛玫紅色小汽車、幾本識字卡片和一本《聲律啟蒙》。

如意有很多很多玩具。

　　我幾乎是整個家族裡最晚生孩子的，也因此享受到了很多便利。我的兄弟姐妹會把家中能找到的衣服、玩具整理了給我。一般他們都會謹慎地事先問一句：「都是舊的，你嫌棄嗎？」我一定會立刻說：「不不不，請全部給我。」舊物省事省錢環保好用，誰讓我從小就是穿各路姐姐的衣服長大的呢。

　　物質世界將會是永遠橫亙在她面前的繽紛琉璃，也是她的荒野，我不認為她必須得像我一樣理性。只是這世界不夠穩定，不可預測，她得冒一些風險。

　　至於那麼多的玩具，為什麼不都鋪開來呢？沾惹灰塵肯定是我媽的理由，或者就是，像樂高這些小零件容易被她吃進去；毛絨玩具也不適合夏天……總之，它們都被我媽洗晒乾淨後裝進了樓上的收納箱。

　　「什麼年齡玩什麼，她不需要滿世界的玩具，任何東西，不是越多越好，富有並不值得炫耀。」我媽給出了她的理由。

　　這讓我想到了《極簡》作者沼畑直樹講過的一件事。他的家中有一個可愛的藤編籃，裡頭擺滿了各式各樣的兒童玩具，包括布娃娃、小汽車等。他說這是他兩歲半女兒的玩具收納筐。他要求女兒把所有玩具都收納於此，自主管理。女兒可以得到她想要的一切玩具，前提是必須能放進這個籃子。一旦籃子裝滿，就必須割捨「舊愛」，騰出空間，迎接

「新歡」。他認為，從小培養孩子「一進、一出」的思想，可以幫他更加珍惜當下擁有的物品。

對於成人不也是如此嗎？欲望，是一個無底洞。物品太多，很有可能反而失去了獨特魅力。

不過，我也不是從小就懂得並接受這個道理的，如意更不可能。所以，感謝我的媽媽，她給我和如意上了一課 —— 女兒要富養沒錯，但我們必須抽離出物質的供給，把自己的視線放在生活細節裡，讓興趣的來源更廣闊，讓視角的重心更扎實。面對物質的世界，保持歡喜，卻不眼紅；面對日常的反覆，保持平和，不覺乏味。

最美的事莫過於美有美的後代

如意 128 天的時候，我應梅賽德斯－賓士（Mercedes-Benz）的邀請，為其女性平臺「She's Mercedes」做了一次名為「跨界玩家的生存之道」的沙龍分享。

那天，我要從蕭山婆婆家回湖州我媽家，沙龍分享的地方在兩者中間，自然要帶上如意一起，也請婆婆一路陪護。

於是，端午節前一天，如意來到了時尚現代的蓮美術館，穿過一長隊賓士車來到會場。

「你可長見識了！」我們笑她。

如意很給面子，不哭、不鬧，婆婆抱著她把每個場館都逛了一遍，還自拍了一段影片，要不是下雨，還得去旁邊看荷花。接著她們就去 VIP 室休息，我則在臺上回答主持人關於「新手媽媽如何兼顧自己的工作以及生活」之類的提問。我當然可以說，女性的生理結構使得她在某些方面就是要兼顧家庭和事業，這和性別論沒關係，比如你得餵奶，這事必須得你做！但事實上，沒必要把工作與家庭截然分開，相反，可以把二者系統結合起來。當我在陪伴中找到很多可以書寫的素材後，我就變得樂於和女兒在一起，而不因為她的哭鬧感到煩躁。

但不能忘記一點：你得有一個強大的家庭支援系統。

之前我有一篇文章〈堅持頂客的我，為什麼在 36 歲的時候生了個孩子〉在 Momself 平臺上反響很大，後來其他心理類粉絲專頁也轉發了。其中有一則評論我印象特別深 ──「我搞不懂這女生，這麼有錢自己去留學，為什麼不請月嫂，還要辛苦自家老人家。」

先不論我有沒有錢，以及留學真的是很多年前的事情，而且留學也花不了太多錢。很多人沒有意識到的是，「請月嫂」不是萬能的（儘管大家都疲倦的時候我也有過花錢辦事的想法），因為他們忽略了隔代教養的樂趣。

　　對於我這樣一個高齡新手媽媽來說，頭幾個月裡我的媽媽和婆婆自然很辛苦，但她們覺得苦中有樂，每天最開心的事情就是觀察如意的變化，頭髮長了幾公分、體重重了幾克。因為她們身邊太久沒有出現過小孩了，甚至，在她們養育我們的三十多年前，也沒有這樣朝夕相處過。

　　如意時常前一刻還在暴哭，後一刻突然咧嘴朝你笑，老人家們就會笑得前仰後合，我似乎很久沒有看到過她們笑成這樣。她們也會給如意立規矩，再鬧就關進小黑屋，或者打屁股。

　　到了夏天，如意就換上真正的尿布，兜在尿布袋裡，用完就扔。家裡正好有純棉布，媽媽們「廢物利用」，把如意當成三十多年前的我來養育。

　　因為脹奶而奶量銳減的我很擔心外出時如意不夠吃，她們寬慰我：「酒店總有白米粥吧，米湯給如意吃好了，過去人們也都這樣的。」

　　很多不得不隔代教養的家庭，常常困囿於觀念差異。其實，父母的心也是隨著孩子的成長而被不斷拓寬的。有時候以為自己見多識廣，但可能老人家們的經驗才是「我吃的鹽比你吃的飯還多」，她們也許叫不清楚尿布的牌子，順手拿尿布的時候也不看尺寸，但她們考量問題時更全面，顧全的是寶寶和媽媽。

「一月哭、二月鬧、三翻四坐，原來有這樣的說法呀！」家裡正好有朋友送的一套育兒書，她們趕緊去查證。

「怪不得如意第二個月的時候鬧成這樣，多半是腸絞痛吧？」她們又掌握了一個新名詞。

我說，你們少看這些育兒書方法論啊，徒增焦慮。但她們覺得，這也是一種學習。老了不能「不修」，而要更加精進地「不朽」，自己看重自己的存在是最重要的。跟孩子一起學習，孩子也能不斷地教大人一些知識，激發她們學習的欲望。

隔代教養是親子之愛不斷延續的典型。

已經年過六十的作家蔡穎卿因為自己開辦的美食課堂，經常和小孩在一起，對這些小孩來說，蔡穎卿就是奶奶級別了。而她覺得，正因為孩子們的成長，她和先生 Eric 才覺得「年老」一直有新的意義。她在書裡引用王維的詩句「自憐碧玉親教舞」來形容隔代的愛。王維這句詩雖然說的是一位年輕紈絝子弟珍惜寵愛嬌妻，因而不假他人之手傳授舞藝給妻子，但一個「憐」字所點出的愛，總讓她想起如今社會中那麼多祖輩，把孫兒帶在身邊，幫助他們的孩子完成「喃喃教言語，一一刷毛衣」的養育工作。

最美的事莫過於美有美的後代。

「我們也從孩子的日常能力與表現中感受到心中理想的世代接力。愛與敬是以傳承和體貼無誤地轉換著能量，充實彼此的內心。」

關於離別

為了平衡兩個家庭的辛勞和對第三代的思念，唯一的辦法是，我付出一點勞動，每隔十天半個月，帶著如意，開車往返於媽媽家和婆婆家。因為哺乳的緣故，我和如意就像一對連體人。

我媽家和婆婆家相隔一百公里，我自己家在中間，但因為老公不在，以及房屋面積小，幾乎不去住。

端午過後，疫苗打完，我們出發回蕭山婆婆家。我媽的情緒很複雜，一方面，她解放了，可以像以前那樣，睡到自然醒，一天上兩節瑜伽課，再遊個泳 —— 自從如意從月子中心回來，她可是被拴住了；另一方面卻是滿眼的憐愛和捨不得。之前我們帶如意出去住兩天酒店，她和我爸就覺得家裡突然冷清了。

婆婆的心情也差不多。當然，是反過來的 —— 我和如意的加入，生活瞬間忙碌而豐富起來，但也會增添很多辛勞。

我媽「交代」如意：要乖一點啊，奶奶有高血壓。

我媽叮囑我：在婆婆家不可以有情緒。

梅雨季，天總是陰沉沉、潮乎乎的，渲染了離別的情緒。對如意來說，未嘗不是一件好事。告別，本是人生的常態，總有一天她要上學，要離開外婆、奶奶；總有一天，她會有自己的世界，有想去的地方，要離開我和她爸。揮揮手再見是她人生中常見的景象，多了就適應了。

我不希望她像我一樣。

我是一個外表冷酷，內心脆弱的人。哪怕只是從湖州回到杭州，提著媽媽做的飯菜，我都會哭一路，儘管這「一路」也就 25 分鐘高鐵加 20 分鐘公車。我總是抱怨為什麼我不能像大部分人那樣和親人生活在同一個城市，但又感恩生活給了我許多歷練和素材。

而對如意來說，兩個城市算什麼呀 —— 懷於普陀山，出生在湖州，祖籍在蕭山，戶口在杭州。到今年九月，因為老陳工作的緣故，又要去常州定居。之後的每一天，她可能都要跟著我，被迫或是自願，去各地採訪。每一次的離開，都是告別舊有的朋友，離開剛剛建立的舒適地帶，再去試圖建立新的社交圈。

如意還在我肚子裡的時候，一天晚上，我突然很脆弱，眼淚嘩嘩地流。我終於知道了不敢生孩子的深層原因，除去不想撫養的自私，還有孩子帶來的情感牽絆。

　　這世上，情感最磨人。任何人、任何事只要不牽扯到感情上來，我們就會活得放鬆。

　　然而，孩子的到來其實也意味著我們之間的分離。很快她就會有自己的朋友、自己的世界。當然，這也是我希望的。她是我們在世上的牽掛，但我也不想她一輩子是爸媽的跟屁蟲。

　　早上我媽無意講起，有個朋友把外孫從嬰兒帶大到讀小學，現在要回老家了，萬般不捨。我似乎也預想到了不久後的我們。剛出生時，自己貪圖享樂，把娃丟給父母，到學齡又為了戶口以及成長教育環境，把她帶到大城市，於是，外公、外婆、奶奶、爺爺只有在影片裡才能看幾眼小如意，或是期待著雙休日、寒暑假可以和她再多待一會。

　　每個人的成長都是一部分離史。

　　但是，媽媽的成功，就是讓孩子成功地離開你，最終要放手，要讓孩子走向自己的世界。如果你心胸寬廣，所有的一切都可以進行轉化和連結。這是母愛最偉大的地方。

　　我在自己 2016 年出版的《不告而別》裡寫道：「無法操縱現實裡的 happy ending，能夠說的只是分手的姿態。告別的藝術，這也是我這一年在路上走走停停的本錢和驕傲。」

　　相見和告別總有時，很多東西帶不走，很多東西其實與我們無關。也願如意知曉。

和嬰兒做遊戲一點都不無聊

如意七個多月的時候，我們搬去了常州，老陳新工作的地方。婆婆跟著一起去，說是看兒子，帶孫女，實則充當了一位盡心盡責又不要薪水的保姆。每天的生活規律而單調——無非就是吃飯、陪玩、休息，交替運轉。

我雖不用外出上班，卻有打不完的電話和寫不盡的文章，有時候覺得對老人家很過意不去。

「誰說我們很無聊？我們在很開心地玩遊戲啊。」我婆婆說。

「掉下來」是她倆玩得最多的遊戲。如意對吃不太感興趣（可能是隨了我的緣故），很少有狼吞虎嚥的時候。我婆婆就把勺子舉高，慢慢降下來，嘴裡念著「什麼東西這麼香啊，掉下來咯」，如意的視線就隨著勺子由上至下，最後對著眼前的輔食，一口吃下。

兩個人發生身體接觸，或者差一點就要碰到，是一種非常有效的建立連結的方式。同時也是對高度感的一種訓練，多練幾次，她就有了高低的概念。

她倆常玩「躲貓貓」的遊戲，我寫作累了，也會加入。一個人把她豎抱著，這就意味著她的頭總是靠在其中一邊肩膀上，另一個人站在後面和如意面對面，故意詢問：「如意呢？

如意在哪裡？」她就會很靈活地轉頭，兩個肩膀換著靠。

我後來在很多書上看到，這是典型的關於連結的遊戲 —— 你現在能看到我 —— 現在你看不到我了 —— 我出來了，你又能看到我了 —— 分別對應了連結和斷裂，存在和缺失之間的微妙平衡。孩子象徵性地失去了連結，又很快能夠再次獲得。

知道這個原理後，午睡後我們躺在床上，隨手拿塊毛巾輕輕蓋在如意臉上，再掀開。

「咦，不見了」、「呀，我又來了」。如意覺得新奇得不行。

只是，沒過多久，她就能自己扯掉毛巾，還自己一個真實的世界了。長大，真是一瞬間的事。

她們也常玩「遠了、近了」的遊戲。如意坐在地上或是餐車上，我婆婆手上捧著剛剛收下來的乾淨衣服，一邊小碎步衝向她，嘴裡唸著「我來了、我來了」，一邊把衣服放在沙發上；再往後退回陽臺整理，一邊念叨「走遠了、走遠了、我走了」。如意一開始很迷茫，沒什麼表情，玩過幾次後，便露出了心領神會的樣子。而這種簡單的遊戲，對於婆婆來說，不僅是在訓練如意對於「距離」的認知，她也順便完成了家務。

「鏡子遊戲」是玩得最多的遊戲，隨時隨地可以玩，尤其是推車出去散步的時候。她咿咿呀呀叫，我們也叫；她咯咯咯笑，我們也笑；有時候，她剛開始有要大叫的前奏，我們先呀呀呀叫起來，叫得比她還響，她盯著我們誇張的面部愣了一會，扭頭自己安靜地玩了起來。

這不是我自創的遊戲，但凡帶嬰兒去體檢，醫生都會有這項建議。在嬰兒能用手抓東西之前，她已經緊緊抓住了養育人的心。

誇張的表情、滑稽的語調，是我們為這個剛來到世界的小嬰兒所做的人間展示。而這種誇張和滑稽並非局限在某個年齡階段。

《請回答 1988》裡我最喜歡德善和正煥爸爸金社長見面打招呼的場景——

「哎呀成社長。」、「哎呀金社長。」、「見到你真高興。」、「謝謝你能配合我。」

再配合著兩人的手腳並用，旁觀者無不搖頭，似乎在說「真受不了，這兩個神經病。」

無獨有偶，《遊戲力》（*Playful Parenting*）的作者勞倫斯·科恩（Lawrence J. Cohen）也說過一個他和侄女的見面儀式——

141

「我跟她說『嗨』，她故意不理我，我就會用放鬆和開心的語調繼續說，通常說到第四十七個『嗨』時，她的兄弟姐妹都會圍過來看熱鬧，每個人都咯咯笑著。然後我們一同嘲笑這個冗長的過程，大家也都過得很愉快。」

一度，我覺得和小孩玩的這些遊戲簡直無聊透頂。

如意還在我肚子裡時，我就為「多久才能跟她平等對話」深感焦慮。平等，在我看來就是能聊聊看完電影的感受，能一起吟詩作對喝威士忌。玩遊戲，多浪費時間啊。我們早已失去了遊戲的能力，也都覺得對方熱衷的事太無聊太奇怪——等她再大一些，說不定就會覺得整個下午我都在和人聊天實在是太無趣了。

直到有一天，我突然領悟了似的，當我把自己調到和她一樣的頻道，相處就不再顯得那麼無聊了。而這個道理，又何止和女兒的相處。

這也是老人家們不厭其煩地和如意玩這些遊戲的原因，他們願意放低身段，不介意自己瘋瘋癲癲。用科恩的話說，孩子的養育人是個大蓄水池，池子裡有孩子需要的照顧、撫慰。而這種看似簡單、無聊又傻乎乎的遊戲，能夠為水池蓄水，孩子可以從中獲取想要的，把自己的那個杯子裝滿。

而對於如意的父母，我和老陳來說，知道他們的孩子是由自己信任的、愛自己的人來照顧，這種安慰是無法估量的。

女人未必掌握獨家竅門

「外婆快來啊！」、「媽媽拿去吧！」我爸，也就是如意的外公，在最初面對這個肉糰子時，說得最多的就是這兩句。這多半發生在我媽暫時去忙別的事，而我也在工作，讓他代看一下如意的時候。

我爸搞不定她。

「不是換好尿布了啊！」、「你不是剛給她吃過啊！」我爸也很納悶，他不知道該做什麼。

他一直以為，嬰兒哭泣時，需要採取一些特別措施，需要做點什麼，而這些是他不了解的、女人才懂的獨門祕籍。

我爸早就不記得我是怎麼被帶大的了，儘管我媽一直說我小時候特別好養，對比之下，如意實在嬌氣太多 —— 不知道是不是她已經不記得那些困難了。而包括我爸在內的男人，儘管他們是父親，是丈夫，多數時候他們並不覺得養育孩子和自己有什麼關係。

「媽媽來給穿下襪子！」要出去散步時，我爸負責抱她下樓，但是得幫他把所有事情做好。

「你自己是怎麼穿襪子的，就怎麼給如意穿啊。」我很不解我爸的求助。

「我不會的。」我爸把襪子放我面前。

大多時候，他只負責逗樂和拍照，然後把照片發在各個群組裡，向大家展示一下這個胖胖的外孫女。

而養育，著實又是一件神奇的事。過了一陣後，因為夏天天亮得早，氣溫升得快，我媽要準備早餐，我要晨練瑜伽，如意也跟著醒了，但不能把她掛在身邊啊，我爸便承擔起了帶她去散步的職責。最初他像是在「幫」我們分擔，五點半就被叫起來；久而久之，這也成了他的習慣。

我爸給她穿上襪子，戴好帽子，先去不遠處我的奶奶家報到 —— 我的奶奶，也就是如意的曾祖母，會把席子在地上鋪好，擦乾淨，再走到門口，專等如意。相差八十多歲的情感，濃得化不開。

問候過早安後，我爸再帶如意去小公園，聽鳥叫，看鮮豔的花還有晨練的人，再把她象徵性地放在滑梯上，居然還記得墊一塊本來是自己擦汗用的毛巾。

這著實給了我和我媽一段清淨的時光。我們做完手頭的事，滿心歡喜等待他倆汗涔涔地回來。

《遊戲力》的作者勞倫斯．科恩和朋友曾組建過一個父親互助工作營，他要做的就是讓男人們的腦子「斷奶」——別以為嬰兒一哭就是要喝奶，別以為只有媽媽才能安撫小寶寶。你要做的只是深情凝視，或是讓孩子坐在膝蓋上，教她

用兩隻手的手指互相輕點 —— 這些，都能加強孩子的依賴感，她漸漸覺得眼前這個人可以信賴，是安全的。

這點，在我爸身上印證了，只要說「如意的手給我們香香」，如意就把手第一個伸向我爸。我爸獲得了極大的滿足感。

到了晚上，餵輔食的任務也交給了我爸，要知道，我爸可是一開始連穿襪子、戴帽子都拒絕學習的人。

連結，是一種生命狀態，和不會說話的嬰兒建立連結，並不需要多高超的技巧，女人們也並未掌握獨家竅門，你只需要有一點點愛和耐心。這種愛不是突擊式的，而是基於持續、細微的日常互動，這是電腦、電視永遠不可能滿足孩子的，它們做不了鬼臉，不能擁抱，不能親親，不能摸摸頭。

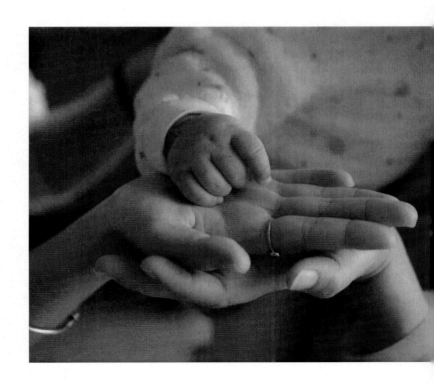

如果不得不「喪偶式育兒」，也沒什麼大不了

「喪偶式育兒」不是個好詞，加倍了「喪」的感受，大概發明這個詞的人真的因為伴侶不在身邊而萬般絕望和沮喪吧。我用它，只是借來表達一下字面意思，的確，爸爸並未參與如意的養育。

「我還真佩服你，老陳不在你身邊，你好像也過得很自在，狀態比之前任何時候都好。我身邊那些爸爸不參與養育的家庭沒一個是和諧的，媽媽充滿了怨氣，一怨就是好幾年。」時不時有朋友傳來這些在我看來是肯定和讚賞的話語。

我們的情況的確特殊，因為隔著一個海。

島上生活條件和醫療水準都不盡如人意，孕期後兩個月我回到了陸地，如意出生後自然也無法上島。經歷了疫情，以及行業的迭代更新，考量再三，老陳依然留在普陀山，每個月回來幾天。

出月子會所那天，老陳趕了回來。

老陳絕對是個育兒好手，有耐心，換尿布還是他教我的；他會想各種好玩的遊戲，比如把女兒丟進浴巾裡盪鞦韆，撓她的胳肢窩逗她笑。女兒還處在「一月哭、二月鬧」的時候，他教我要先從孩子的呼吸和握拳的鬆緊來看她處在什麼樣的心理狀態；孩子一哭不要馬上給奶，先看看尿布是不是重了。

所以，和那些雙手插口袋只是對嬰兒好奇的爸爸不同，他不是主動缺席的。

李松蔚關於「喪偶式育兒」的觀點一直很清晰：「我根本就不信『爸爸天生對家庭沒什麼興趣』那一套說法。我相信，家庭當中發生的每一件事都是合謀的。如果爸爸表現得很冷淡，那不僅是爸爸本人的選擇，背後也多少體現了媽媽和孩子的意志。」

大概正是我從不覺得爸爸是缺席的，所以才會在爸爸缺席的狀態下，還能過得不錯。

設想我們生活在同一個城市，白天上班的他也就晚上才有時間，很可能等他下班回來，孩子已經睡了，本質上和我現在的狀況沒什麼區別。

「也許兩人面對面，我需要騰出更多的時間，還要忍受他的呼嚕聲。」

「也許他來了，也會因為第二天要開會、有接待而在半夜逃去別的房間睡？」

我們的日常就是各做各的事，他在海的那頭上班，我在陸地的這頭寫作、餵奶，白天基本是通訊軟體上說些必要的話，比如業內的新聞、朋友間的八卦，深入不了，更多的時候是互相留個言，晚上通個電話。

　　隨著如意早睡早起的作息習慣的養成，他要是晚上九點前還沒忙完，我基本也就接不上電話了。我愛他，就要讓他做自己喜歡並擅長的事，他也是這麼支持我的，一切以我舒服開心為出發點。卿卿我我不稀奇，中年夫妻更像戰友。

　　熟齡結婚，想明白的時候多，抱怨的時候少。對於改變不了的事，我選擇不想，不開心會影響奶水，身上會生各種結節，到頭來自己吃苦，真是划不來的事。

　　有了孩子，又是兩地夫妻，而且還是放不下工作的兩個人，除了強大的內心，是不是還可以有些方法？而這些方法，可以幫助兩個人舒服地保持自己的生活狀態，也是給孩子最好的教育。

　　第一，共同的價值觀很重要。

　　「要改變自己，而不是試著去改變別人」是我們共同的觀念。所以，當我覺得累或者不甘心的時候，我會去尋找辦法，比如，找月嫂可不可以？如果僅僅鑽進「老公為什麼不在身邊」這個牛角尖裡，那他就算來了也沒有用。

　　帶孩子很乏味？那就幫自己找點事。有事做不僅可以增加收入，還能有自己的世界，讓你感覺到，生活不只是孩子和那個不在身邊的老公。

　　宮崎駿說過：「不要輕易去依賴一個人，它會成為你的

習慣，當分別來臨，你失去的不是某個人，而是你精神的支柱。無論何時何地，都要學會獨立行走，它會讓你走得更坦然些。」

第二，信任，是我們並肩作戰的基石。

解決問題並不一定是最緊要的，關鍵是透過開放的討論建立信任。

有天傍晚在酒店，我在寫作，老陳一邊抱著如意一邊在吃飯。突然，他電話響了，我便抱起如意在房間踱蹀。聽著應該是關於他調職的事情，電話打了很久。掛了後，老陳並沒有馬上跟我轉述電話內容，我也沒問，只負責此時此刻不讓如意哭鬧而打斷他的思考。

我並非不好奇，但我了解他有自己的節奏。我們也並非青梅竹馬、了解深厚的夫妻，默契是基於我的性格和彼此之間的信任。

到了晚上，我洗漱完畢，老陳把如意抱回小床，對她說：「現在我和你媽媽要商量一件很重要的事，你不要鬧，可以睡覺了。」

信任還在於，兩個人在一起的時候，分清職責，不用自己的標準要求別人，不插手老公育兒。

「生孩子前說我什麼都不會，一生完，連碰都不讓我碰，

我的抱姿是錯的，我有鬍渣不能親兒子，幫兒子洗臉說我手重，總之，我都不對。」我有不少男性朋友都這樣說家中的老婆。

我則是完全反過來的。老陳回來的那幾天，我一般都會「退出」，讓父女倆建立感情，也避免以我所熟悉的方式干涉老公的做法。周軼君也說過這一點，有時她看到「老公的教育方式就是陪看電視」時很想衝過去，但她都故意不去過問，因為每個人的育兒方式都不同。

信任別人，其實是給自己鬆綁。他們在一起時，我就享用獨處時間。如果你什麼都要過問，無疑會把自己逼死。

第三，溝通要及時和坦誠，避免矛盾積壓和內傷。

及時溝通是老生常談，但真的很重要。

如意兩個月的時候尤為鬧騰，有天晚上我們在電話裡商量這事。我說，再這樣下去，我要住回月子中心了 —— 這是我的世界觀，能用錢解決的都不是問題。老公則表示，「要麼我請一個月假。錢可以慢慢賺，家人是最重要的。」

出月子會所那天，老陳趕了回來。在他為數不多的休假日裡，如意和我們睡一個房間。當時還是冬天，半夜我披了衣服起來擠奶。那時，我還沒有養成良好的餵奶習慣，覺得讓她吸奶很折騰，就搞了吸奶器、接奶器等一大堆。突然，

如意大哭。因為有老陳在，我背對著他們，連頭都沒有轉過去。可是，好幾分鐘後，如意還在哭。我一轉頭，老陳居然睡著了，根本沒在哄她，甚至連拍拍都沒有。

這是我為數不多的一次生氣，等我吸完奶，直接叫醒他，並表達了自己的情緒。

「你們誰都可以說『我今天休息一下』，你們誰都可以輪班，就我不行，從生下她到以後不知道哪一天，我都不能睡上完整的覺，我覺得生活沒有一點盼頭，我很崩潰。」

老公突然一個激靈醒了，他拍拍我，起身去把擠奶器和接奶器洗乾淨並丟進消毒櫃，接著回到房間摟著我睡。說了什麼我忘了，但他肯定沒拿出自己工作也很辛苦來比對。之後的幾天，我們分工很明確，我擠奶、他餵奶，我睡覺、他洗奶瓶。再到後來，我也養成了好習慣，讓如意在我身上吸，既方便也省事，對我的乳腺管也友好。

我們出門在外，也都是分工協作，互相體諒。老陳總是很自覺地睡在靠嬰兒床的一側，以便看得到她有沒有蹭到床頭不舒服，或者吐奶之類的情況。既然如意認我，那我就多抱抱她（雖然她壓得我胸和肋骨都痛），老陳則抓緊時間拍照拍影片。

有了個生活不能自理的嬰兒，夫妻出行自然不會像過去那麼自由浪漫，我們甚至連個合影都沒拍 —— 為了這次橘色

主題出行，我倆都穿了橘色衣服，本來想在嘉悅裡巨高的橘色大門前合影，無奈次日降溫，又要給如意報戶口，只得匆匆離去。

我們說定，如意十六歲生日前，讓她先去酒店打工兩個月。吃肉喝酒的生活哪是這麼輕易得來的啊！

最後，夫妻作戰，不是考大學排名次，不需要分勝負。

儘管我得承認老陳是個好爸爸，但因為他長期缺席，不知道女兒的作息，女兒也不認識她，在他興沖沖趕回來見我們母女的時候，反而給我造成了很大的「麻煩」。

如意百日的時候，第一次離開外婆、奶奶，就我倆帶她出門玩。本來想放手不管，沒想到因為太久不見爸爸，又逐漸能認人，如意根本不要爸爸抱。我發了一篇貼文，感嘆這趟出行真的太累了。結果，大多數認識我倆的共同朋友，依然以慣性思想誇讚老陳體貼溫柔。

我笑說：「明明是我手都要斷了，胸和肋骨都痛了，怎麼大家誇的還是你啊。」

老陳說：「大概是你平時把我塑造得太好了。」

說歸說，我一點都沒有要搶功勞的意思，也沒有心裡不平衡。養育的目的是把孩子養大成人，而不是夫妻倆比較成績。

愛的基礎狀態是理解和信任，再高一層，就是欣賞。到了這一層，便不太容易退轉了。

電影《愛在午夜希臘時》（*Before Midnight*）和它的上兩部被譽為「愛情教科書」。在這一部裡，男女主人公已經結婚多年，有了一對女兒，兩人之間有過各種爭吵，不再像之前那樣在火車上有著說不完的話。電影結尾，他們來到了海邊，在黃昏時刻坐在一起看太陽慢慢消失，畫面美到窒息。他們依然有愛，只不過總是遭遇瑣碎生活的摧殘。最後，男主對女主說：「我把整個人生交給了你，我接受了你的全部，瘋子的一面和光芒四射的一面，我會對你、女兒和我們共同創造的生活，負責到底。這一切都是因為我愛你。」

既然選擇了婚姻，就要努力見面和講話啊

老陳說要去一趟蘇州，帶團隊考察蘇州酒店餐飲和服務。

我說，那我帶著如意來和你會面。

他原先猶豫著當天來回還是住上一晚，現在就妥妥地選擇了後者；而我，乾脆把行程加到了四天三夜，藉機去酒店避暑。

夫妻是沒有血緣關係的親人，兩人要走很長的路，大多數在一起的時光都很平淡無奇，要時不時加點料，來點新鮮感，更何況異地夫妻。

我也一直在踐行這種「儀式感」。

之前我倆在普陀山生活，老陳工作很忙，唯一能保證的是晚上回宿舍睡覺。我相對自由，就爭取在他下班的時候跟他湊一塊，一起走路回去。

我在「島嶼日記」裡寫道：「從法雨寺，經飛沙岙、古佛洞、寶月庵、索道，大約要走一個小時。一邊是海，一邊是山，寺庵茅棚穿插在路邊，抬頭星星滿天，月亮變換著形狀掛在最寂藍處。這一個小時裡，我們幾乎不看手機，只牽手走路，說著一天裡發生的事。」

那時，我們還沒計劃要孩子。但我已在文中發問：「時間擠出來做什麼呢？」答案是「為了兩人見縫插針地相見啊」。而見面，未必要挑選良辰吉日，只要想，隨時都可以是機會。

我最後寫道：「以後的日子，無論是去更大的城市還是繼續留在山上或是回到家鄉，什麼困難都可以克服。」

這可是一句宣言呀！

我時常會寫個備忘錄，記錄這幾天裡發生或是要和老公討論、分享的事情，苦於我倆作息有時差，不能晚上固定時間打電話。

「你真有意思，和老公聊天要預先準備會議紀要，看著一條條過。」老陳雖然笑我，但心裡是開心的。因為我跟他說，「今日事今日畢」是有道理的，不然就要遺忘了呀。儘管都是些小事，但生活就是小事組成的啊。

很多人都說「好羨慕你們啊」，似乎我倆的關係讓他們又開始再次相信愛情。大家會問我們是在哪個瞬間好上的，這個問題很難回答，就像我如果在採訪的時候執著細節，對方會被我搞得很抓狂。

我總說，我們是中年夫妻呀，沒那麼多電光石火的。

但其實也是有的，比如他願意聽我說話。而他至今惦念

的是，有一天晚上我跟他說：「你在走路回家嗎？那我陪你說說話吧。」

　　就是那次我和父母去普陀山求姻緣，老陳作為總經理接待了我們。我回到家，向他道謝。因為正好在電腦前寫作，順便和他聊天，陪他走完從酒店到宿舍那段沿著海邊的路。他因此得到了極大的安慰，儘管隔著螢幕。

有些人自己就能過得好，無論歡鬧還是冷清，無論白天忙碌還是夜裡孤單；大多數人則是一個不完滿的圓，需要另一個人去填補。

也因此，我們總要找些機會講講話。我們也給對方下「迷魂湯」：我最愛你了，如意其次。

美滿的婚姻終究除了運氣，還需要一點智慧和努力。

提出要求，明確而具體

如意開始新增輔食的時候，我在電話裡向老陳提出了支付生活費的要求。這是我第一次開口向老公要錢。

事實上，讀書時我有微薄的獎學金，工作後有固定和不固定的收入，除了愛住好酒店，喜歡喝點好酒，並無奢侈的愛好。因此，我不僅不拿老公的錢，父母的錢也不要。結婚時，老陳曾說過是不是要把信用卡給我，我連連搖頭：「別給我增加負擔，別再被我搞丟了。」

在我們這些自尊自強的人看來，向老公要錢似乎是一件丟臉的事，就像回到了「女子無才便是德」的封建社會。

而此刻，我卻在向老公要錢。

生下女兒後，老陳和我依然處於分居狀態，孩子由媽媽和婆婆輪流帶，我則和孩子捆綁在一起。如意一直是純母乳餵養，不存在伙食費；尿布是唯一支出，卻因為我倆的好人緣，很長一段時間都能收到各方好友源源不斷寄來的尿布。雙方父母都有退休金，供我日常吃喝不是問題。最關鍵的是，雖然產後工作有所調整，但我一直有收入，不富貴，也絕對高於平均水準。

要錢的契機是，我去超市幫如意買米精，嗅到了「碎鈔機」的味道。考量到如意時不時會跟著我上路，我又注意到

了價格不低的果蔬泥、米餅等便於攜帶的食物。

我當然可以支付所有，但我覺得，要給爸爸一個參與的機會，儘管金錢無法替代真正的養育。

所以，我的出發點不是「養孩子又不是我一個人的事」、「女兒又不是我一個人的」那種常見的抱怨——光是這麼抱怨的話，用處不大，要是碰到個不配合的老公，最後只能落得媽媽越想越懊惱。

我跟老陳說：「如意的成長需要爸爸媽媽一起，由於客觀原因你沒辦法時刻在她身邊，那你就用出資的方式吧！」

我們不講公平與否，不算計誰為這個家付出更多，更不假設是「離開金錢不能過」還是「缺了陪伴沒辦法活」。「一起養育」這件事沒那麼複雜，見機行事，也沒有可參考和模仿的案例。

「我是該給你點錢，你每天產奶量那麼大，真的也省了不少奶粉錢。」老陳順著我的話給予了肯定。隨後，卡上就到帳了一筆錢。

英國資深心理治療師茉莉亞·薩繆爾的經驗告訴她，婚姻中經常會有一場爭鬥貫穿整個過程，通常事關相愛的程度、性和金錢。如果雙方都沒有行動，聽之任之，風險就是，爭論會年復一年地累積起來，雙方會更加堅決地捍衛自

己的立場，直到成為僵局。

沒過多久，我又一次對老陳提出了一個要求。

那天，我倆住酒店。和每次外出一樣，晚上都有當地朋友的宴請，我抱著如意在飯桌上吃了一個多小時後先行離開，餵奶、哄睡，還成功地把她放入了小床。我給老陳傳了個訊息，告訴他如意已經睡著，我也打算睡了，進門請輕聲。

還沒到十二點，如意就醒了，我把她抱到身邊餵奶。正在這時，門鈴也響了，我本能地看手機，果然有很多個老陳的未接來電。我只好先放下如意，看到門口爛醉如泥的老陳，後來證實他是因為喝多了而找不到房卡。

接下來的整個夜晚都堪稱驚悚。因為躺我身邊，如意頻繁索奶；老陳鼾聲震天，但因為中間夾著女兒，我伸手幾乎碰不到他；讓他幫忙把冷氣溫度調高，幫如意拿塊浴巾替代被子，完全不理。我睡不好覺，哭聲、鼾聲，一大一小徹底激怒了我，我在黑夜裡睜大眼睛，像思考一篇文章一樣組織好了大段臺詞 —— 為什麼要讓你拿浴巾？之前如意因為著涼得過急性喉炎，還不是大熱天的我抱她出去做霧化！你做過什麼！到底是誰要孩子的！要不是你喜歡孩子，我至於現在這樣嗎！

然而，我才說了句「你給我起來」，如意突然醒了，兩眼

瞪著我，無辜又茫然。我意識到，此刻不是質問和談心的時候。我把如意摟在懷裡，所有話濃縮成一句：從今天起，有酒就沒我，有我就沒酒。

早上六點，如意準時醒來，老陳也醒了，拚命道歉。我的大段臺詞已經過期，細枝末節地檢討不是我的風格。我再一次重複了那句話「有酒沒我，有我沒酒」，並明確告訴他，以後是「滴酒不沾」，而不是「稍微少喝點」。那些模糊的量詞，沒用。

提要求，一定要明確而具體。

很多專家都說過，營造更和諧的雙方關係，關鍵不在於避免爭執，而在於了解到爭執始終難免，我們必須去解決。而解決問題，在某些時候，是不需要說話圓滑、給到雙方面子的。

過去我們也試著溝通，反反覆覆就「少喝點」和「打呼嚕」說個沒完，但似乎一直沒有明確過訴求。就像那些錯位的表達──

想要好好被愛，說出來的卻是：「你怎麼這樣對我？」

想要讓生活變得更好，說出來的卻是：「你這個人永遠這麼邋遢！」

我想讓他給我更好的睡眠、少喝酒，說出來的卻是：「酒

有那麼好喝嗎？」

所以這次，我索性把自己的需求擺到明面上，兩人去談論它，直接、迅速、得當。

我後來在一篇文章裡看到一個更強勢的標題〈生氣是女孩們最大的美德〉，文章裡說：「很多時候，在一段權利不平等的關係裡，我們感覺不舒服，卻不敢表達自己的真實感受，或許本質的原因是大部分女孩在成長過程中沒有體驗過『被尊重』的感覺。」

當然，文章的目的不是推出女生可以任性生氣的擋箭牌，更重要的還是回到「在關係中如何對待自己」這個命題。

性教育學家劉文利曾講過一個故事。

一個媽媽抱著孩子遇到一個社區阿姨，社區阿姨伸手想抱這個孩子。孩子還不會說話，扭著身體躲著阿姨伸出來的手，很明顯不想被抱。大人可能會習慣性地說：「你看阿姨那麼喜歡你，你怎麼不讓她抱你？」

在大人看來，就抱一下怎麼了，人家是喜歡你。

但沒人想過孩子是不是想要被抱。也許是認生，也許是這個時候不想讓別人抱，跟媽媽在一起才是舒服的事。

如果這個時候，大人順應孩子的反應，幫孩子解圍，孩子會覺得自己剛才表達的意願是被大人們理解和尊重的。

這種感覺一次次累積，孩子就會意識到「我的感覺很重要，你們都很尊重我」，而有助於在他們長大後幫助他們做出直覺的判斷，尤其在面對一段關係是否合適時。

也許我早該表達憤怒？

我想到如意，我們的女兒，她還有漫長、豐厚和未知的一生。我對待自己的姿態，或許是她如何對待自己的樣本。

愛，不必在一時一刻

我生日前一天，老陳突然說要回來一趟，然後給我看了他滿滿當當的行程表，只有晚上回來睡覺。我說：「似乎沒我啥事，我可以按原計畫和朋友見面對吧？」

老陳說：「我又不是回來休假的，只不過正好出差的地方是家鄉而已。」

我說：「隨你。」

我真的是不帶任何情緒說的這句話，反倒是婆婆怕我不開心，特別提醒了老陳，讓他好歹顧顧家。結果，當天下午，我還在和朋友半工作半閒聊，他突然說回家轉一下。

「我在 ×× 地鐵站附近，你要不要在這站下？不過，我是打算走回去的。」我跟他說。

「好是好，但走回家要四十分鐘，我豈不是一到家就要準備再出來？」

朋友整理東西準備走，畢竟她知道我們夫妻見面不容易。而我卻已回覆老陳道：「那你坐地鐵回家看女兒吧，我自己走走路。」

不知是不是因為我晚婚且婚前獨來獨往的緣故，抑或只是性格原因，總之，我一直覺得，愛，不必在一時一刻。

這和前一刻與朋友的談話正好呼應，所以她絲毫不驚訝於我的回覆。

上一刻我們正說到身邊都有一個這樣的老人家，出奇地雷同：晚年喪偶，明明是知識分子，卻不可思議地相信電視購物，家裡人怎麼都勸不住。究其本質，就是孤獨，電視購物是一個老人家現階段可以接觸到的媒介，他們需要透過這個媒介說話。

養兒防老不是真的，真愛也許是有的，但是不到最後誰都無法打包票。人終歸是自己生活的主人，要有自己過好日子的能力，要有別人沒辦法拿走的東西，要有一個人也能過下去的自信。

我們現在總是說，要讓父母們有自己的愛好、自己的空間，可是，忙碌了一輩子的他們，怎麼可能突然間有一個興

趣愛好？所以，年輕時有自己喜歡做的事，有自己的圈子，是一件很務實的事。

所有的愛，都不必拘泥於一時。老陳和女兒的愛也是。

九月，已經度過調職上任最混亂的前三個月，老陳花了幾個晚上把新城市的新家打掃乾淨，還幫如意買了「狗窩」（塑膠圍擋和爬爬墊圍起來的地面安全空間）、床擋、洗澡盆、小凳子等日常必需品，歡歡喜喜開始了回到家有女兒、老婆、老媽的日子。

但很快，他又要面臨我們的離去——婆婆回家休息，換我媽上場，我帶著如意回湖州我爸媽家。父女倆剛剛建立起來的那一點點熟悉又要瓦解。

「你們快回來哦！」老陳向我們道別。

分別那麼不好受，我在十一月回常州的時候，刻意和如意玩一個「爸爸不見了」的遊戲。常州紫荊公園裡，秋日暖陽下的草坪上，我們沖了咖啡，吃著便當，如意滾來滾去，反正不怕會不小心翻出去。所有人都覺得時光應該就此停住時，我讓老陳躲了起來。如意馬上發現少了一個人，她朝我看看，又朝奶奶看看。但到底因為還小，她又自顧自玩了起來。

再好的時光，再愛的人，都會戛然而止，這就是生命的

無常和殘酷。如果從小就能有所體察，不知道會不會鈍化她在這方面的感受力。

過了一會，老陳又「突然」出現，如意咧嘴而笑。

繪本《在森林裡》就有這種宏大的悲傷和無聲的隱忍，作者把別離化成了一個簡單的故事，但真正撞擊到讀者的是最後一頁空白，森林裡沒有了往日的歡鬧，沒有人，也沒有動物，彷彿是我本來預想的，老陳不見了，奶奶不見了，媽媽也不見了 —— 但我終究沒忍心，只是讓老陳暫時離開了一下下。我希望她在此生以後的相似時刻，能夠豁達並正向地招招手，對那個即將要離開的人說，再見啦，我們下個月再一起玩哦！再見啦，我會把你寫進日記裡／畫進繪本裡！

愛和離別並不衝突，沒有什麼永垂不朽，重要的是，你的所有經歷與記憶，你和親人朋友們在一起度過的分分秒秒。

誰去工作？

「其實我也是有理想的，我也不甘心僅僅是奶娃、寫作。」我已經在床上躺了很久，睡不著，直到老陳下班。

這個時候，我們已經搬去了常州。

　　如意百日回杭州的那個晚上，老陳接了個電話，沒到一個月，他就從普陀山調職去江蘇常州了。

　　還沒帶如意回過普陀山，看望普陀山的師父和朋友，多少是遺憾。甚至看到新任總經理入駐老陳辦公室時，我一下哭了——在那間很小的辦公室裡，老陳辦公，我搭個行軍床在旁邊午睡——懷如意時，別的反應沒有，就是每天睏得東倒西歪。

　　從浙江出省到江蘇，距離上卻近了很多，開車兩小時就可以相見。比起隔海相望，算是「上岸」了。

　　我們各自處理好工作和家事，九月九日，如意兩百多天的中午，我的小車被裝得滿滿當當，沿著太湖，開往新的暫居地。

　　我的家鄉在太湖之濱湖州，讀書、就業和生活都在有著西湖和錢塘江的杭州，以為就這麼定了，買房子、交社保，沒承想留學回來又高齡結婚，搬去了東海上的普陀山。整理了幾大箱物品，一副「踏南天，碎凌霄，若一去不回，便一去不回」的架勢，卻因為懷孕又滾回了家鄉。等到如意三個月時，既需要幫手，又要適度解放雙方父母，我開始帶著她在婆婆家、媽媽家兩地跑。

　　在夏天快過完卻絲毫不降溫的初秋，我朝一個新的城市開去。

　　我們住在市郊一個很大的房子裡。在我們入住前，這個房子對老陳來說就是晚上睡覺的地方，因此，就是一個有傢俱的毛坯房。

　　老陳為如意裝上床圍欄和地墊圍欄 —— 她有三個住所，必備物品一買就是三套；消毒櫃、料理機則是隨身帶。

　　我也發現了很多當時我帶去普陀山的東西：精油、浴泥、檯燈，還有各式各樣的肥皂，都是過去精緻生活的印記，如今又被他帶到了常州。我抹了一滴「完美修復」精油，氣味帶來了過去的畫面。

　　在新的城市，老陳依然早出晚歸，過了一週多，如意還是不太認他，只是不再暴哭。

　　我變得異常忙碌。除了日常採訪寫作，還有認識新城市的「使命」—— 我不甘心只是換了個房間住著啊！

　　能換著城市住，是一種緣分。並不是所有人都有機會「顛沛流離」。

　　老陳丟來一本《江蘇文庫》，正中我下懷。我把書裡的內容在地圖上做好標記，午飯後開車進城，以區域為單位，逐個走訪。點杯咖啡、攤開電腦的悠閒暫時放一邊，心裡想的是，盡量親餵女兒。

　　晚上大部分時候，我已經睡了，老陳才回來，沒睡多久

又要起來擠奶 —— 當初打定主意三個月斷奶的我已經餵了七個多月，奶水還很足。

這種周而復始和疲倦，讓我有了開頭的那句感嘆。

「如果你想出去工作，我支持你，我來做全職奶爸小陳。」老陳說。

自從調職來到常州，老陳的日子也不好過。酒店生意蕭條，三天兩頭面對員工離職，人均消費居低不上。他有時候躺在床上發呆，望著對面酒店的燈牌說：「你看，我們酒店很氣派吧！」好像酒店是他造的。

工作和生活，金錢和經歷，孰輕孰重，哪個是當下要務？

「算了，還是我支援你吧，我太想睡覺了。」一想到老陳早出晚歸，中午還沒個休息的時間，我的雄心又被打敗了，至少我還能小睡一會。

「別忘了和黃金村祕書約時間。」我翻了個身，這是我今天說的最後一句話。

我來常州後的另一份工作，就是和老陳夫妻搭檔，把那些好吃安全的大米引進酒店，做成各款好吃的米飯，再由我來採訪每一位農人。下週，我們計劃去常州金壇區鄉下參觀軟米並採訪當地農民。

　　對於老陳來說，我不用上班，每天接受新鮮的資訊，比起他固定在酒店上班，我的思想要活躍得多；對於我這樣一個個體戶來說，老陳有酒店和團隊，能幫我把漫無邊際的想法落實。也因此，在某種時候，我們不再是夫妻，而是老闆與謀士。

　　很多人都說，你們關係真好啊。在我看來，好的關係，需要一點點運氣，以及我們為自身和伴侶付出的極大努力。

　　其實，撫養和工作，在家或外出，角色都不是固定的，而會隨著時間和環境變化，因為，最後都是「夫妻共同養家」，而不是只倚靠一個經濟支柱。

　　人有必要在生活中徹底改造自己，並具有在不同城市和職業間切換的適應能力。這也是不斷遷徙帶來的奇特的安全感，這種安全感不同於固定在一個城市裡的熟悉感，閉著眼睛也能去加油、吃飯，鄰居家還能幫你收快遞。在新的城市，電梯裡走進一個人看著我們抱著如意，問：「你們是住幾樓的？」我狠按電梯關門鍵，完全不理。但是，我有擁抱城市的熱情。這些見聞和所思是真正的餐桌話題——老陳下班後，有媽媽做好的飯菜，是我們中午剩下的，他喝點酒，讓我說說今天一天都做了些什麼，這大概是他一天中最放鬆的時候。這些內容，比起「如意哭了幾次拉了幾次」有營養得多，也是夫妻倆始終在精神上有默契的自信，畢竟，太多人

被雞毛蒜皮磨光了熱情。

　　我們到最後都沒得出完美定論，因為，誰去工作的標準並不明晰。我們一直在以自己的方式工作，一直在為更好的安全感使勁。

上班的爸爸和自僱的媽媽

　　作家毛利在給於是翻譯的新書寫書評時寫道：「大部分對自我有追求的媽媽，一般只餵奶六個月，之後她們迫不及待開始新生，痛快地暢飲香檳。」

　　母性不用那麼足，母性只需要夠用就好了。

　　最多餵三個月！我肯定說過這句話。要不是幾個醫生朋友都說「頭三個月泌乳高峰期斷奶的話對媽媽乳腺不好」，我可能連三個月都撐不過去。

　　後來妥協：那就餵六個月！但六個月後是八月分，盛夏，老人家說，等秋天吧，對母女都好。我心一涼，還得多等上一個月？

　　然而時下，日子悄悄流過，我已經母乳親餵了八個月。我自僱在家，一邊以寫作為生，一邊做著奶媽。在外人看來，我沒有通勤成本，省了奶粉錢，賺的稿費都是實打實的，還可以吃上家裡安全衛生的一日三餐。

同時擁有媽媽和作家雙重身分的前輩有很多，格拉斯佩爾（Susan Glaspell）的圍裙裡放著小紙片，有空的時候就拿出來寫，寫出了很多短篇小說；艾莉絲‧孟若（Alice Munro）照料著一群孩子，還把自己寫成了諾貝爾文學獎得主。

我的寫作不依靠絕對的孤獨和想像，更多基於一個扎實的採訪。

前期先蒐集資料，再在陪如意玩或是帶她去散步時腦補框架，擬寫採訪提綱。至於落筆，反而是一件容易的事。

我會提前一兩天和採訪對象約一個大致的時間段進行電話或視訊採訪，具體的時間則在當天溝通，一般是我等如意睡下，短期內她不會犯奶癮的時候。對方也都理解我的這種狀態。

我在隔壁房間或是樓上書房，關上門，戴上耳塞，跟家裡人說好，這一兩個小時裡沒有急事別來敲門。多數時候相安無事，但偶爾也不可避免會突然傳來一陣石破天驚的哭聲。我的心一揪，雖然知道沒什麼大不了。

對方也聽到了，趕緊問一句以示尊重：「呀，寶寶哭了，你要去餵奶嗎？」

我連忙不好意思地說：「沒事、沒事，有外婆／奶奶在。」

這就是在家上班的局限性：我不可能把自己完全割裂出去（當然我也可以去咖啡館，但這不是一個特別好的辦法）。

相對而言，有具體工作地點的人就不會有這種尷尬。老陳說「我去上班了」，和大家吻別說再見，他就走了，把自己投入另外一個空間，被無數和孩子不相關的瑣事包圍著。雖然他的難題對我而言依然是難題，但我有時很羨慕這種狀態。

我採訪在美國一邊做自由職業一邊帶娃的藺桃時，她說過一個細節：孩子還不到一歲時，正在攻讀博士學位的先生回到家，想要分擔點家務，藺桃第一時間把孩子遞過去，搶著做起了家事。其實不是藺桃心疼丈夫，也不是她多麼熱衷家務，只是她真的不想再帶孩子了，哪怕就一分鐘。

前幾天，我和老陳出席一個活動。他心事重重。活動結束回家時碰上晚高峰，塞在路上。我說：「你不直接回家嗎？」

他想都沒想，說道：「我得回去上班。酒店發薪水給我啊。」我也想都沒想就回他：「我為你生了如意啊。」

天啊，我怎麼說了這麼一句令人討厭的回答。

男人以世界為家，女人以家為世界。

我看的第一部也是唯一一部青春小說《花季‧雨季》裡，熱愛文學的林曉旭就這樣感慨過自己的父母。

我從十幾歲就努力想要擺脫這種桎梏。

直到中年才穿過各自的成功失敗、忙忙碌碌、槍林彈雨，安安靜靜、簡簡單單擇一人走到一起，心甘情願在家中獲得平靜和幸福，卻也防不勝防，依然在女性的結構性壓力裡感到迷茫。

男人養家天經地義，帶孩子則是莫大的恩情。母親，卻被套上了一個模板。

有一天上午，老陳賴在床上突然說要休息半天，美其名曰養精蓄銳。

本來這是他作為酒店總經理的個人決定，只要他覺得沒事就沒事。事實上，我們早在前兩天就定好一家人要去酒店吃頓慢早餐，婆婆也為此沒準備早餐，甚至充滿了期待。

「我也沒想到昨晚要陪客戶喝酒。」老陳耍賴，他真的起不來了。

「我們天天在家，不見你要休息；今天要去你酒店了，你倒好，說要休息了。」我極其惱怒。

並非貪戀一頓早餐，讓我生氣的是原本興沖沖的家庭氣氛被毀了。

我鋪開瑜伽墊，打算置身事外，開啟自己的一天。

老陳突然清醒了，起床洗漱後決定索性調休一天，吃完

早餐開車帶大家出去玩了一通。

　　他是好老公、好爸爸、好兒子這點毋庸置疑，但耍起無賴時依然是個不理性的孩子。而當他把如意裝在背帶裡的照片被發到家族群裡時，大家都說老陳簡直太優秀了，太熱愛家庭了。

　　不上班的老陳在家中是個異類，我們依然各做各的事。我們並非不拌嘴，並非永遠都覺得對方「怎麼那麼棒」。聊以自慰的是，即使意見不合，也能為了對方做出讓步，他能被說通，我不囿於情緒。

　　擁有了這種能力，我們才會建立起牢固的關係，對新情況或環境抱持開放的態度。優先考量對方的需求，並不意味著要做一個被動的受氣包。

08 隨著孩子的出生，媽媽也出生了

願你也找到自己的「心流」

「陪伴孩子的同時怎麼還有時間和精力寫作？」

「寫作對你來說意味著什麼？」

在賓士 She's Mercedes 的沙龍分享中，主持人向我丟擲了這兩個問題。

諾獎獲得者艾莉絲‧孟若是四個孩子的媽媽，常年生活在加拿大一個只有三千多人的小鎮。在回答記者關於「有沒有一個特別的時間用於寫作」時，孟若的回答是，寫作的時間都是從家事和工作的縫隙裡擠出來的。

她大學畢業第二年結婚，婚後就一個又一個地生孩子。每次懷孕期間都像瘋了一樣寫作，因為覺得孩子生下來就沒時間寫作了。孩子出生後就在他們午休時寫，後來孩子們上學了，做家事的時間勻出一半寫作。

我有相似的感覺。

照理來說，生孩子時，女性體內分泌的催產素會使媽媽和孩子建立一種最親密無間的情感連結。和孩子有關的東西，會優先進入媽媽的大腦認知。這也是「一孕傻三年」的科學依據，因為其他事都被降級了。

但我看上去並沒有那麼多催產素。

成為媽媽後，我既不興奮，也不憂鬱，沒有很開心，也沒有不開心，好像什麼都沒發生過。這讓一直防著我產後憂鬱的媽媽鬆了口氣。事實上，我根本沒空憂鬱，離開月子中心後，除了餵奶和睡覺，我都在瘋狂寫作，專欄約稿、粉絲專頁代理，以及這本書的撰寫，好像是在彌補孕晚期和月子裡的虛度時光，又像是迫不及待要記錄女兒的每一個細節，因為錯過就不再有。很多時候，雖然不能親臨現場，但我非常認真地準備每一個電話、視訊採訪和會議，也因為這些看得見的產量和「媽媽」這枚新晉標籤，我被 TED、賓士 She's Mercedes 沙龍等邀請，重新回到了聚光燈下。寫作、發文、稿費、掌聲帶來的成就感，填滿了不能遠行的日子，避免了原本可能發生的憂鬱和不適。

甚至，比起沒有孩子時間自由時，產後的寫作反而有點「偷著樂」的竊喜，因為時間和精力都不太夠用，寫作的濃度反而高了。

「心流」理論的提出者，同時也是正向心理學的奠基人之一奇克森特米哈伊·米哈伊（Mihaly Csikszentmihalyi）所說的「心流」大概能解釋我在產後的這些行為 —— 完全沉浸在某件事情中，並在做完這件事後，內心有一種充滿能量且非常滿足的感受。

朋友都說我吸著仙氣。究其本質，是我透過寫作找到了

一種不至於憋出內傷的與自我的「連結」。

　　書寫於我，更接近於達到一種平衡，面對電腦時我感覺到與世間萬物擁有了最合適的距離；離開電腦回到孩子身邊，我又體會到了最舒適的放鬆，我把自己敞開在她面前，不再為「又要餵奶」、「餵奶打斷了我的節奏」而暴躁，整個人也擁有了屬於自己的節奏。

　　那天活動間隙，我倚著門傳訊息。左邊是冷氣十足的展廳，右邊是荷花初開的蓮葉田，不知不覺站了很久。突然有人叫我：「你好啊，我看你在這裡很恬靜的樣子，就幫你拍了張照片。」

　　外面光線明亮，綠意蔥蘢；裡面是暗的，形成明暗對比。我正好穿了黑色連衣短裙，因為餵奶而形銷骨立，站在畫面的最右側，倚靠著門。

　　照片是真的好看。

　　陌生人將照片傳給我後，她也得知我就是今天的沙龍分享嘉賓。我有點不好意思地說：「那待會兒要聽我嘮叨了。」

　　「很想聽啊，我的人生正迷茫。」她說。

　　原來，走不出困境的時候要出來見人啊，要努力給自己一個窗口，去聽聽別人的生活。我也有走不出來的時候，只不過，我尋求自己解決，一個人待著、運動、飲酒，以及看

很多心理學的書，一邊是科學理性和清醒，一邊則是麻醉迷惑好讓時間快速流去。

都沒錯吧？只要在做完一件事後，覺得內心滿足且充滿能量就行了。

「自我」和「媽媽」

我記得，剛結完婚的那週，好朋友廖凱邀請我和老陳參加愛馬仕的實體活動，他半開玩笑地說了句：「這是你婚後復出的第一場社交。」我笑他：「我只不過是結了個婚，啥都沒變。」

「如果有一天我生了孩子，那才應該叫『復出』吧？」我隨口說了句。

雖然，堅持頂客的我一直認為生孩子這件事遙遙無期，但也確確實實在說完的那一刻，想像了一下「復出」。生孩子會是什麼樣呢？我會變得很胖、很胖，故作不經意地向人解釋「我這麼胖是因為剛生了孩子啦」；我會神情渙散、記憶力減退，只能一遍遍向對方解釋「不好意思，我真的睡眠不夠」——這些都是我在電視裡看來的，無論如何，生孩子會讓我不再是過去的那個自己了吧？

這一天就這麼來了。

　　說不上哪天算是我的正式復出，因為我已經陸續亮相過很多次了。而同時，每次的亮相都很不徹底，屬於我的環節一結束，就得匆匆趕回去。

　　「不好意思，我得先走了」是我說過最多的一句話。因為，一邊是自由世界，另一邊是充滿母愛的封閉政權，確切地說，是一種因為愛自己才得來的母愛 —— 脹奶的時候，我更想讓寶寶能在身上吸吮。

　　距離上次賓士 She's Mercedes 的邀請不到半個月，我又一次受邀進行了一下午的閱讀分享。

　　當天沒有帶如意，我帶上了吸奶器和冰袋。

　　活動地點是一家廠房式咖啡館，我的前同事開的。因為事先向他說起過我的近況，第一場結束後，他急切地關照：「要去擠奶了嗎？後廚留給你！」

　　我先去廁所換了一件前開式連衣裙，既方便擠奶，又可以擔當下一場的正裝。我穿上哺乳巾，坐在最裡面。機器一啟動，奶水就流了下來。

　　工作人員守在外面，禁止男生入內。我說沒關係，穿著哺乳巾的我很安全。

　　這就是產後復出的我，在聚光燈下。

　　我沒有成為想像中的大胖子，反而因為每天產奶和餵奶，我變得比任何時候都瘦。

　　我對著觀眾和螢幕侃侃而談，彷彿宮縮順產和初始餵奶的疼痛並沒有影響我的智力和記憶力。

　　我是很多本書的作者，我永遠擁有自己的名字，並沒有因為做了母親而成了沒名沒姓的 ×× 媽媽。

　　我還是原來的那個我，對自己有點摳門，不開車的時候也捨不得叫車。活動結束後，我背著塞了電腦的大包，提著裝有冰袋和冰奶的小包，以及朋友送的禮物，匆匆趕往地鐵站。老陳笑我：「為了家門口的寶貴車位，你是打算永遠不開車了嗎？」

　　我還是原來的那個我，堅持自己的立場，對觀眾有點苛刻。活動中，有位拍照的大叔一直杵在我對面，和觀眾大聲聊天。我立刻停下，眼神凶狠，讓他意識到自己的不禮貌。

　　寫出《成為母親》（*A Life's Work: On Becoming a Mother*）的作家瑞秋‧庫斯克一直在「自我」和「媽媽」這兩個身分中搖擺不定，她總覺得若要好好扮演「媽媽」這一角色，似乎必須傷害「自我」的某個存在。

　　她將這種彷徨描寫得很具體：「想做好一名母親，我必須不接電話，不工作，不顧之前已做好的安排。想要做好自己，我必須任憑孩子哭；為了能晚上外出，我必須在她餓肚子前採取行動，或者把她留在家裡；為了思考其他事情，我必須忘掉她。」

一點都沒錯。

你得承認，做媽媽很難，難到讓人持續震驚的地步。

我大汗淋漓地回到家，洗完澡，扒拉幾口飯，開始給女兒餵奶。突然一陣隱隱的痛。我敏感起來，起身洗乾淨手，伸進女兒嘴裡，一摸，牙床硬得很。剛剛躲過了乳頭皸裂、脹奶的痛苦，以為日子開始好過起來了，她卻要開始長牙了。雖然不是每個長了牙的孩子都會咬媽媽，但我依然感到恐慌，彷彿冬日裡的劇痛已經在捲土重來的路途中。

而我也絕不是從一開始就可以在兩個身分間自如切換，如果沒有強大的家庭支援系統的話。也因此，當光鮮的一面呈現出來後，都有旁人的豔羨和嫉妒：「你能這麼瀟灑，還不是因為家裡有老人家幫忙？」

也許是真的，我足夠幸運。而這幸運背後，或許是我足夠努力。我在努力學習和實踐一門「端水」的學問。

「你是全能並具有平衡力的，且無人可取代。」老陳在一次散步中這麼對我說。

聽起來像不像一句恭維？我和老陳的確是這麼互相「奉承」的。我說：「你怎麼那麼厲害，能賺錢，也能換尿布哄孩子。」他說：「別這麼誇我，你就是自己不想做。」那麼，他在誇我的時候，我是不是應該覺得「你就是自己沒辦法來

做，才不斷鼓勵我」，或者是，陷入自我麻痺中呢？

還沒等我質疑，老陳說：「你看，對內你要協調兩個家庭的關係，要給孩子餵奶、講故事；對外你要寫作，去演講，隔著螢幕處理各種關係。其中省了辦公室租賃費、通勤費，不用給員工付薪水，省了奶粉、早教的錢，還能賺零用錢賺名聲，有幾個能比得過你？」

孩子只是隨著生命規律自由流動，而成為母親的過程卻讓人擁有了更廣闊的視野，為另一個生命負責，和一個新生命共同成長。

庫斯克在書裡嘮嘮叨叨找不到「自我」和「媽媽」的平衡後，也的確說了一句鼓舞人心的話 —— 我很確定，讓我失去自我的那個生理過程也會讓我回歸自我。

我也是。

我既是原來的那個我，又是一名母親。成功扮演一種角色不意味著演砸另一個。比起「由於有了孩子，實在沒辦法，我失去了很多」這樣的人生敘事，我希望我的人生敘事是「當了媽媽後，我的潛能被激發出了千百倍」。

此刻，我正在學著如何為這兩種狀態制定規矩，保護並跨越兩者間的邊界。

「雞毛蒜皮」和「養育浪漫」

七月初，我受邀作為 TED 杭州的嘉賓做一次關於「女性的力量」的演講。

因為命題和審題的緣故，直到臨近開場，才在一場網路會議上確定「媽媽」這個方向，因為，五位嘉賓在擁有自己廣闊天地的同時，都有一個「媽媽」的共同身分。

我是唯一一位新手媽媽，因此，我的十分鐘演講落腳點就是「雞毛蒜皮」和「養育浪漫」。擁有女性力量的人並不都是企業家、創業者，做媽媽的同時又能做自己，本就是非常偉大的女性力量。

梅雨即將結束的那個週末，異常悶熱。外婆外公一早就坐高鐵來蕭山奶奶家，我們先去會場，然後順路回我爸媽家。

「會不會拒絕嬰兒啊？」每次活動前我都不由得這麼揣測。

「如果被拒絕了也好，那是極好的素材。」我想到有位議會會員帶著嬰兒出庭被趕出去引起的爭議，繼而，使得「女性帶孩子工作」成了關注焦點。

我獲得了素材，當然，是正面的。

聽說我不得不帶著寶寶工作，原本一對多的志工對接比例，到我這裡升級成了一對一。也難為了年紀輕輕的志工，接到我後得先處理找冰箱的需求——因為天熱，冰袋、凍奶和安全椅上的水墊都要冰起來。

繼而，我得在活動開始前先給如意吃上一頓。唯一的一件前開式連衣裙昨晚洗了，餵奶前還得先換衣服；我也不能親她，因為塗了口紅；而她似乎有點不認識外婆了，哭哭停停，直到挪到三樓有沙發的休息室後，她才睡著了。那時，活動已經開始，我是第三位演講者。

我對演講抱有一種天生的自信。不是宣導，也不是作秀，只是把我有限的經歷與他人分享。我不怕說錯或是忘詞，也從不逐字逐句去背誦講稿，我甚至樂觀地面對有可能出現的意外。

「身為一個曾經的頂客，我卻在三十六歲高齡生了個女兒，媽媽這個身分輾壓了過去的所有標籤。」剛說完這句話，我看到我媽抱著如意走進了會場。

「天啊，我女兒來了。」我脫口而出，全場焦點都投向如意。

我立刻將話題轉回來，還臨時加了一點內容。

「你們啊，講的都是些雞毛蒜皮！」在彩排時，我無意中

聽到了這麼句回饋。

的確，我也曾舉棋不定。

瑞秋‧庫斯克在《成為母親》的序章裡就提出過：做母親時，女性放棄了自己的公眾價值，以換取一系列私人意義。如同某些人耳聽不見的聲音一樣，別人很難辨識這種私人意義。

把個體經驗拿到臺上去講，適合嗎？

沒有孩子的人對「媽媽」這個話題會有興趣嗎？

然而，「媽媽」的受眾就只有媽媽嗎？人類是不是有很多可以觸類旁通的生活經驗？

在我決定加內容前，我前面一位演講者特特媽啟發了我。

「很多時候，我們喝到的女性勵志雞湯，是上市公司的企業家能兼顧家庭，為孩子做便當；或者是三個孩子都上斯坦福大學的教育家媽媽，告訴你養育不難。」

「在教育行業的這十年，我教過近千個孩子，也接觸過不少母親。儘管這個樣本量不大，但確實，我見到的大部分母親都不足以成功到寫進推文裡。」

「她們會濕溼了鞋趕在下課前來送傘，會拉著老師聊自己的孩子到忘了時間，會為了報上一個熱門老師的課，天不亮就在校區門口等待。」

「大部分的媽媽，只是平凡而偉大。」

平凡而偉大，就是偉大。生活本來就是雞毛蒜皮，所以要在瑣碎裡活出浪漫主義。

我順利從容地講完了，如意在臺下像個小大人，很認真地聽講——她喜歡聽人講話，比如講故事什麼的，這點我早就發現了。

我後來問我媽，是在監控中看到我要上臺了才帶她來的嗎？還是我爸通風報信了？我媽說，沒啊，如意醒了呀，我就帶她進來了。

遺憾的是，當天路況很差，而我們又要回湖州。儘管後面還有兩位演講者的分享、工作坊以及合影，出於尊重、關心和理解，主辦方放我走了。

回到家後，特特媽告訴我，我們這一組裡有些觀眾，他們此刻正遭受著各種困擾：工作不好不壞、感情不鹹不淡、收入不多不少，還有穿插其中的，要不要結婚，什麼時候生孩子。特特媽就說「這個問題應該由蔣老師來回答，她都經歷過」。是啊，因為一個人獨處的時間過久，我感受過人間的不安與亢奮，失落和機會，看到過自己最難堪的一面，也努力讓自己走了出來。我似乎可以在這些問題上說點什麼。

但是，就算我在，我依然不能解決他們的困惑，人生的難題，終究得自己來解答。無論過程如何艱辛，回過頭看

看，依然能自由成長。這和我在演講中引用的威尼科特的那句話一樣，自己本就擁有蓬勃的生命力。雖然他說的是孩子。

不是別人替代不了，是我非常想做

如意的第一個盛夏才剛開啟，就去了一趟醫院。起因是嗓子啞了，再加上剛把她從奶奶家接回外婆家，二十多天沒接觸外婆似乎有點認生。總之，鬧了一夜，第二天起床後，嗓子更啞了。

我是個動不動就說「沒事」的人，唯獨在身體上，完全是反著來的，一丁點事情都是大事。因為沒有發燒咳嗽，醫生便讓我們做霧化，並且給出了嚴重的後果預測：要是晚點來，或者不注意，就會喉梗阻，那是非常危險的事。

於是，剛過五個月的如意就得接受一天兩次的霧化治療。她當然不配合，儘管只是罩住鼻子和嘴巴，一點都不痛，但對她來說十幾分鐘的霧化依然極其漫長，她哭得很傷心，小臉漲得通紅，拳頭捏得很緊，滿頭是汗。

我問醫生：「不是說吃母乳的寶寶頭一年都不會生病的嗎？」

醫生冷冷地說：「母乳又不是萬能藥。」

都說孩子容易在生病的時候被寵壞，一點不假。因為嗓

子啞，我們就會格外留意不讓她哭，也就增加了抱在手裡的次數。她哭，我再也無法像之前那樣置之不理，甚至關小黑屋。我總是把她的頭靠在我肩膀，輕輕問她：「如意是不舒服嗎？我們不哭哦，哭了嗓子就好不了啦。」

這是我第一次感到焦慮，如果說對於紅屁屁、溼疹這些常見嬰兒病是有心理準備的話，這個「急性喉炎」完全不在我意料之中，我甚至不知道這是什麼病。而霧化並不是立即見效的療法，她的嗓子繼續啞了兩天才逐漸好轉。

五個月的如意很明顯能認人了。別人抱過去，一開始很乖，等到反應過來眼前這個人不是熟人後，完全不給任何鋪墊，大聲哭起來。而到了夜裡，原本很能搞定她的外婆也不太行了，得我親自上。我也沒什麼特別的絕技，無非就是讓她在我懷裡吃上幾口過過癮。

有天夜裡餵完最後一頓，就在我媽床上睡著了。於是，我度過了一個和媽媽、如意一起睡的晚上。

不吃夜奶很久的如意夜裡索奶兩次，恐怕是睡在我身邊嗅到奶香味的緣故。清晨不到六點，她無意識地用手搗我的臉，我睜眼一看，她正在朝我笑。繼而又翻了個身，把腿架我胸口上。我媽已經起來做早餐、拖地板了，我爸便抱著她出去散步，我也趕緊起床，趁機練瑜伽、吃早餐。正要進入工作狀態，她倒是迷迷糊糊地吃了一點兒後又要睡覺了，我

不得不繼續滾回床上進入哄睡模式。

「我堅決不和她睡啦，不然白天沒辦法工作。」我發誓。

沒過兩天，一天夜裡，我又被她的哭聲喚醒三次。其中有一次，一聽到哭聲，我「噌」的一下起來，知道要去餵她，行動上卻還沒跟上節奏，猛地撞在門上，才意識到當晚是關門睡的。

「怎麼回事啊？已經三個多月不吃夜奶了。」我媽拿著她根本不要吃的奶嘴說道。

「你先睡吧，我餵她。」我說。

聽著她吧唧、吧唧吃得很帶勁的聲音，我意識到她是真的餓了，而不是像前天，索奶只是想過把癮。我們便提前開啟了新的階段 —— 新增輔食。

家有幼崽，每天都有新的變化，生活再無規律可言，時不時給點驚喜、意外、挫折、緊張。

我身兼保姆、育嬰師、記者、作家、奶媽、司機、清潔工等多個角色，還有不同的任務夾雜進來，事務數量極大，常會有疲倦的感覺。

老陳問：「我現在回不來，你覺得需要我做什麼，才會好一點？」

我想了想，似乎又說不上什麼。想到透過人工授精既當

媽媽又當爸爸的葉海洋說過一句特別動人的話：「不是別人替代不了，是我非常想做，享受其中。」

「做媽媽，不就是這樣的嗎？」我的朋友們說，她們絲毫不覺得我有多麼偉大或者多不容易。因為她們早就習慣了當千手觀音般的媽媽，神通廣大。

媽媽熱愛生活、能夠把雞毛蒜皮活出幸福感很重要。媽媽不是每天都穿著立領小裙、鑲鑽皮鞋，站在臺上聚光燈下大談「母愛」的公眾人物。更多時候，媽媽就是那個一把紮起一個馬尾，穿著哺乳睡裙，隨時可以寬衣解帶的那個人，成為母親，最大的能耐是可以將狼藉轉化為寶藏。

渡渡鳥形容媽媽是風，孩子 0 ～ 3 歲時期，新手媽媽如春風。時刻輕拂照料，柔軟溫暖而不知疲倦。

她養育三個孩子，不請保姆，既要工作，也要時常往來美國和中國。有天晚上，忙完工作，回到家，面對一水池的髒碗，她說：「這個繁忙的晚上，我從那麼多的聯絡和腦力工作中回到家裡，站在水槽前，一個一個把碗盞清洗乾淨的那一刻，總會體驗到一種非常神奇的感覺。」

這個媽媽真的太有力量了。多數人在此情此景之下，多少都會抱怨為什麼連碗也要自己洗吧！

印度瑜伽大師薩古魯（Sadguru）說，即便你沒那麼富有

原創性，即便你在做一些簡單的、重複的或者世世代代人們都在做的事情，當你以極大的熱情和投入去做的時候，它們仍會將你提升到一個新的層面。

如果媽媽覺得養育孩子是無聊乏味的，必然呈現出無精打采、垂頭喪氣的狀態；如果媽媽有一點浪漫主義，接住尷尬、笨拙、可愛、有力的碎片，並且平衡它們，將其串成漂亮的項鍊，那麼孩子和媽媽都會神采奕奕。

因為「媽媽」這個新的身分，我也將變得更好更強大。

全職媽媽的迷思

有一次，Momself 的專欄編輯 Celine 跟我討論一個選題，關於高知識女性回歸家庭做全職媽媽的一個案例，她問我有沒有繼續採訪和深挖的興趣，我直接回絕。

「高知識」和「全職」很有戲劇性衝突嗎？「低知識」做全職媽媽是理所當然嗎？

夏天的時候，播出了一部電視劇《我是真的愛你》，講的是三位女性的故事，一個未婚頂客，一個全職媽媽，一個產後回歸。生育、職場、女性，真的是百般滋味湧上心頭。

全職媽媽尤雅引發了諸多討論，有人說她懂得取捨、權

衡利弊，很懂事；有人說她是三位女性中能力最弱的，所以生了一胎之後又打算生二胎，因為已經「出不去了」。

「生完孩子要不要回去工作？」幾乎是個經典問題，一代代人發問，一代代人議論紛紛。

我覺得，應該先定義，只有坐在辦公室裡才算是工作嗎？

如果以工作地點是否在辦公室作為「職場」的劃分，那麼，隨著行動網路的普及和疫情過後的全球局勢，在家辦公則變成常態。我問 Celine：「你覺得像我這樣的，算是全職媽媽還是職場媽媽？」Celine 頓了頓，確實，很難給出定義。她最後說，我大概屬於「自由職業」和「全職媽媽」交集的那個圈。

無論是全職、兼職還是沒有職業，都不能成為評判標準，這也是我不願去定義「全職媽媽」還是「職場媽媽」的原因。我在生完孩子後，立刻投入了廣泛的寫作工作中。說是「廣泛」，因為寫作的涉及面很廣，既有商業的粉絲專頁代理，也有地理類、人物類採訪，還有老本行酒店體驗，以及這本書的撰寫──還激發了我閱讀大量和養育有關的書的興趣。

「為什麼要這麼辛苦，你缺錢嗎？」有人調侃我。

「錢也愛！但我更享受採訪、成稿過程中的成就感和自我

成長。」如果說這是我對記者這份職業的本能熱愛，那麼，《真實女性故事》和《成為母親》這些專欄則是對我「新手媽媽」身分的審視。

在這些專欄裡，我採訪了很多有意思的女性，裡面就有很棒的全職媽媽，比如特特媽。

雖然大部分時候都是老公或者家人一定要讓媽媽當全職太太，希望你為家庭付出，甚至會說些看似寬慰實則令媽媽倍感心酸的勸言，如「你不要上班了，家裡又不差你這份錢」。但特特媽的老公沒有，他覺得特特媽應該去上班，只是他也不知道自己在家能幹麼。

「老公離開工作就是冒險，職場上他失落了，而在家裡又什麼都不會；如果是我離開，我至少還有退路，我有職業資格證，我可以做全職媽媽。」

特特媽想傳達的一個想法就是，女人在年輕的時候給自己多留點後路，真的到選擇的時候，自己就相當有自信。因為有「B計畫」、「C計畫」，你也就不是非得抓這個「A計畫」。

而在家庭中，因為特特媽的婆婆從不帶孩子，導致親媽免不了有怨念。這也是全職媽媽的悲劇 —— 特特媽的婆婆是那個年代的全職媽媽，帶大包括特特媽老公在內的兩個小孩，以至於她完全不想再帶第三代。兒子生出來的第一天她就跟特特媽說：「婆婆就是婆婆，是不帶小孩的。」

特特媽覺得，親媽有怨氣，婆婆擺明不帶娃，那只有自己來了。

「全職媽媽」給人的固有印象是，為了孩子，完全沒有自我，這也是很多女性不願意重蹈覆轍的底層陰影。付出感，犧牲感，我做了這麼多怎麼沒人理解，都是家庭中特別不好的情緒，演變下去都是對孩子的道德綁架：你成了我犧牲幸福的罪魁禍首。如果媽媽沒有自己的生活，每天忙活家裡這點事，其實是不討兒女歡心的。特特媽的老公就覺得，你對這個家庭付出很多，我認。但反過來我也沒有特別感恩，因為你會把很多希望都寄託在我們身上。

離開了工作，又要每天陪孩子玩，特特媽為自己找了一份不用進辦公室的工作。她去了一個流量很大的親子粉絲專頁做杭州版主編，儘管她本身是個工科生，從沒想過和文字打交道。這也是我之前寫的，她和兒子在家門口的平凡生活裡構建了「自我」和「全職媽媽」之間的平衡。

陪兒子玩的時候她順便寫個貼文，閱讀量很大，被很多媽媽奉為育兒「聖經」；為了一個選題寫文章的時候順便帶兒子去走走現場，兒子給了她不同的視角，她收穫了和諧的親子關係。

她的故事，給了我很大能量。

為什麼很多媽媽不能解放自我，是因為她們始終割裂了

「自我」和「媽媽」這兩個身分，甚至諱談「自己」，好像一談自己就會落入「自私」的「雜念」。她們從沒想過，兩者可以和平共處。

「世界上只有一種英雄主義，就是在認清生活真相之後依然熱愛生活。」全職媽媽，不是被迫之舉，相反，她們的生活，反而在成為全職媽媽後變得「有選擇」。

我看到之前崔璀在回覆讀者的信中寫道：真正的女性力量意味著「有選擇」三個字。所有的境遇都是我選擇的，我為此負責。

辭職回家帶孩子？我選的，因為更怕錯過孩子的成長期；工作遇到了困難、熬夜通宵？也是我選的，因為相信自己有本事爭取到更好的生活。

這樣的女性會有一種力量感，敢想、敢突破、敢承擔責任。你不由自主地會跟她平等對話，遇事願意跟她商量。也因此，崔璀之前就說過，媽媽是家庭的 CEO。

媽媽要時刻學習

愛有絕對的愛和相對的愛。

絕對的愛，是媽媽給孩子的天然且有力的愛，是一種本能。我不是那種母愛噴發的媽媽，從來就不是。也因為生如意

的時候打了無痛且沒有中斷的緣故，我一直沒有「生」孩子的感覺，她就像一件我買的商品，客觀血緣上是我的女兒而已。

相對的愛，則是流動的，是一種在陪伴和養育中漸漸產生的，是把她當同輩來愛的愛。相對的愛更客觀和冷靜，我常說，雖然越來越愛她，但絕不是含在嘴裡怕化的那種。我要花很多時間學習，為了跟上時代發展，不讓自己以後被她嫌棄。

「做媽媽」這件事對我來說有點突然和勉強。有人說，你都沒做好準備，那是對孩子的不負責。事實證明，「媽媽」是可以現學的，我比任何時候都要好學，都要耐心，都要美好。

我閱讀大量書籍，但不是方法論，好的書，都不是教技巧的，因為育兒不是應試，沒有一勞永逸的方法和一鍵通關的祕籍。讀書，是了解養育和教育的本質，是接受每個家庭的不同和「孩子終歸是平凡的」的事實。後來，很多粉絲專頁向我約所謂的「媽媽書單」，想了想還是沒給，閱讀這件事太個人化了。

「媽媽書」在很大程度上是不能預習的，因為沒有這個場景；而面對大量的育兒書時，媽媽又是迷茫的。

我的第一本「媽媽書」是崔璀的《媽媽天生了不起》，孕晚期的時候收到了這本書的親筆簽名版。

「很好看！」我傳了個訊息給她。因為書裡記錄了很多崔璀和兒子小核桃的日常，純粹當故事看，因為彼時我還是個快樂自由的大肚子。

生完孩子將近五個月的時候，我又開始看這本書。那個時候就與書「同頻」了，因為我已經獲得了生產、餵奶、喪偶式育兒等一系列體驗。

也因為讀她的書，我買了第二本「媽媽書」，瑞秋·庫斯克的《成為母親：一名知識女性的自白》。因為崔璀引用過一句瑞秋的話，直擊我心 —— 不論寶寶什麼時候哭，記得在為她做點什麼之前，先為自己做點什麼。

再後來，我和早就加了好友的教育工作者蔡朝陽聊天。一直肯定並欣賞他的教育觀念，但過去我沒孩子，兩人的互動僅限於偶爾點讚。時隔多年，已經當了媽媽的我，才想起入手一本他的《我們現在如何做父母》。

又因為這本書，我開始關注為他寫推薦語的童書作家粲然，一口氣讀了很多她的書，順便擴大了自己的寫作範圍，嘗試鍛鍊新的寫作技能。接著，無意中聽到崔璀和粲然的聊天節目，我開始關注崔璀的播客「媽媽天生了不起」，認識了渡渡鳥，買了那本厚厚的《媽媽是什麼》，她的大愛，讓我安於生活的雞毛蒜皮。

學習，不只是書本，還在於交流，和優秀的人對話，為

媽媽擴大認知的邊界。在給 Momself《真實女性故事》專欄撰稿時，我接觸到了戲劇教育，也是源於一次專欄採訪。

晏木，三十七歲「拋夫棄女」，一個人去愛爾蘭學習戲劇教育。採寫的落腳點本來是女性的無數種可能，貼文一發，留言裡很大一部分是對「戲劇教育」的好奇，他們透過粉絲專頁向晏木發問 ── 如何在日常生活中和孩子玩「戲劇遊戲」。

我曾經是杭州一家知名都市類報紙的文娛記者，戲劇是其中的主要類別，自認為對舞臺並不陌生。但我沒想到，戲劇可以涉及親子互動。帶著讀者和自己的好奇，我再一次採訪晏木。

晏木認為，中國戲劇的歷史比西方悠久，但戲劇不僅僅是舞臺上的一種表演形式，更可以應用於教育和社會。愛爾蘭的教師培訓中都有戲劇這一項，即便不教戲劇，也能把舞臺上的技巧運用在其他科目的教學中。戲劇還被廣泛應用於各種社科領域，如透過戲劇課程引導自閉症學生與他人溝通，透過戲劇提高家長對孩子心理健康的重視等。

在中國國內，教育競爭已經是常態，家長焦慮，孩子也累，心理、情緒問題出現低齡化趨勢。因此，晏木想到戲劇教育或許可以在這方面產生什麼作用。

從愛爾蘭回上海後，晏木在一所民辦小學當英語和戲劇老師，同時在上海的一些社群推廣戲劇，開設女性戲劇工作

坊、「悄悄話」社群戲劇工作坊、「成為母親」社群戲劇工作坊、全英文青少年戲劇工作坊等，主要面向父母和孩子。

晏木認為，戲劇是接地氣的，不是只存在於舞臺上。就好像和女兒玩戲劇遊戲，就是大家都空下來沒事做了，那就來玩一下吧！

出於採訪需求，我讓晏木提供了一些簡單可操作的戲劇遊戲。我一看，這些遊戲的年齡跨度很大，3 ～ 100 歲，真的是「戲劇就在身邊」。

那麼，戲劇遊戲是不是要懂戲劇的人才能玩，如果爸爸媽媽沒有學過戲劇，或者對戲劇根本不感興趣呢？

這讓我想到周軼君在《他鄉的童年》裡講過的以色列人的教育方法，隨便拿兩個東西，說出它們之間的共同點，一直說，越多越好。比如足球和鋼琴，都是黑白的，都能拿來玩等，大人或許說不過孩子，也或許到最後大家都想不出來了，但沒關係，這種互動無形中弱化了電子產品對人的誘惑。

讓孩子有事可做，而做的事又能引發樂趣，是維持秩序最好的辦法。

其實，當我們在說「戲劇遊戲」的時候，從來不是為了遊戲而遊戲，而是透過一種媒介和這個世界建立連繫，從而抵抗電子媒介的過早侵襲。

渡渡鳥在《媽媽是什麼》這本厚達 366 頁的書裡，描述了一些她和三個孩子之間的親子互動。

渡渡鳥認為「童年，是一場場和萬物的初遇」，所以，她的「教育」是盡可能多地讓孩子接觸大自然。

「我們聞各種葉子的味道⋯⋯還聞芹菜、香菜、韭菜、茴香、大白菜、蘿蔔、豆角⋯⋯各種菜的味道，孩子們蒙上眼睛，聞我們剛從菜市場補充回來的給養，還有蘋果、西瓜、香蕉、哈密瓜。聞著聞著，我把一段香腸拿出來，放在他們鼻子前面。哈哈，強烈的對比反差。」

「我教兒子在盛夏的樹林，當蟬喊得正歡的時候，突然大喊一聲：『嗨！』瞬間蟬鳴無蹤，全場靜悄悄的。就這樣等著等著，等得雄蟬都覺得安全了，又『吱』地集體席捲而來，比方才還要大上幾倍的聲音黑壓壓地撲來。」

渡渡鳥和女兒心心也玩過戲劇，比如《挪威的森林》。兩人輪流扮演綠，一開始，渡渡鳥講長的臺詞，慢慢地再讓女兒講。

「最最喜歡你，綠。」

「什麼程度？」

「像喜歡春天的熊一樣。」

「春天的熊？」女兒再次仰起臉：「什麼春天的熊？」

「春天的原野裡，你一個人正走著，對面走來一隻可愛的小熊，渾身的毛活像天鵝絨，眼睛圓鼓鼓的。牠這麼對你說道：『你好，小姐，和我一塊打滾玩好嗎？』接著，你就和小熊抱在一起，順著長滿三葉草的山坡骨碌碌滾下去，玩了一整天，你說棒不棒？」

「太棒了。」

「我就這麼喜歡你。」

到了週末，母女倆就去草地上打滾，骨碌碌滾下去。她要讓孩子們知道，所有書中寫到的美好，都是真的。

戲劇教育，為我開啟了新的視角，也給了我免費的育兒方法，儘管現在對我而言為時尚早。我的工作，不僅是收入來源，更重要的是，開闊了我的邊界，讓我時刻保持對新鮮事物的求知欲。

孩子的出生和成長，在某種意義上也是激勵我們自己，催促父母絕不能停止腳步。

無論哪種媽媽都不容易，全職媽媽或是職場媽媽都不是「生來必須這樣」。任何選擇都應該出於個體的獨立意志，可以有妥協，但不能被綁架。而處在特定狀態下的媽媽，都必須有繼續前進的願望。媽媽要時刻學習，而不是沉溺於「媽媽」這個天然的角色。

　　沒有一個媽媽不愛自己的孩子，而愛，除了親密的接觸，還要有和孩子共同成長的決心，媽媽要跟得上孩子的成長，因為，兩人還將彼此陪伴很久很久。

後記
歲末，新手媽媽快滿一年了

　　很快，我們互相陪伴著走到了年底。

　　這是嚴格意義上如意的第一個冬天。二月分出生的她第一個月在月子中心，回到家後沒多久就春暖花開了。這也是如意第一次穿毛茸茸的連體羽絨棉襖，戴厚厚的毛線帽。

　　有時候在我爸媽家，我爸下班早，看太陽尚在，還要帶她去小公園蹓躂。既是祖孫之樂，也給我和我媽一個喘息空間 —— 孩子雖然能帶來歡樂，但也不能否認勞累。

　　李娟在《冬牧場》裡也提到過一個「帶孩子比什麼都累」的場面。那天，大家安排她去帶孩子，本來以為是從納西烹羊宰馬的血淋淋的事情中解放出來，卻發現，帶孩子比什麼都累。你一哄，她就笑；你一停，她就哭。「我得跟猴子一樣不停上躥下跳才能穩住她的情緒。」所以，她被帶出去蹓躂這段時間，我們都無比珍惜。

　　冬天，大家都待在家裡。但和夏天也同在一個房間吹冷氣不同，冬天因為要取暖，人和人總感覺是黏在一塊。從生活形式來說，更貼近一種人類的本能。

後記 歲末，新手媽媽快滿一年了

　　桌上橫七豎八地剝了些橘子。冬天吃橘子最解燥，興致好的時候，把橘子放在高功率的電暖器旁，烘過的橘子有點烤橘子的味道。自己吃了一大半，才想起來給如意嚼嚼。

　　除了鹽、油、糖烹飪過的東西還不能吃，即將週歲的如意能吃的東西越來越多，只不過剛從奶水和泥糊狀食物過渡而來，只有四顆牙的她有時候會忘記咀嚼，加上又貪心，總是一大口咬下去，如果乾吞的話就相當危險了。

　　如意是個結實的孩子，剛過八個月那會突然間自己抓著圍欄站了起來，我們是不希望女孩早早站立的，怕 O 型腿。但轉念一想，或許應該順應她的自主行為，這是一種生長的呼喚。如意的結實多半來源於她的大食量，一日三餐她吃南瓜小米粥、馬鈴薯牛肉、胡蘿蔔青菜肉末麵，偶爾還吃米飯，加餐她吃蘋果、香蕉、酪梨，再加一天四五頓母乳。

　　我們的胃口也受她影響變得很好，儘管我還在餵奶，過去大半年一直不斷消瘦中，也在冬天猝不及防地長了兩斤肉。只有高熱量的食物才能保暖、讓人有力氣，我每天都飽飽地上床。

　　如意吃飽了，翻了個身，給個屁股朝大家，就睡著了，都不用哄，彷彿那些非要暴哭一頓，奶睡、奶嘴、奶瓶多管齊下才勉強入睡的場面是很久遠的事情了。她睡了，我回到房間不捨得睡，感覺有無盡的能量，噴發出極大的寫作熱

情。但又清楚意識到，如果現在不睡，沒準很快就會被她叫醒去餵奶。

　　有幾個清晨，我被鬧鐘叫醒擠奶，或是被她喚去隔壁房間餵奶。迷糊中我算了下時間：也差不多了啊，從晚上九點算起的話，到凌晨四點也睡了有七個多小時了。但窗簾外的天仍然是黑的，彷彿還要過很久很久才能抵達天亮。我獨自享用著這一刻，那是身為一個母親的祕密花園——

　　可以喝杯咖啡，因為還有整整一個白天要過，不怕睡不著。

　　可以連續不斷敲鍵盤，寫完後天才剛亮。傳給對方確認，對方一句「一如既往又快又好」，對我而言，既是虛榮心的滿足，也是身分的穿越——做了媽媽，我的工作也沒落下。

　　可以在安靜中練一段瑜伽。自從有了孩子，我盡可能選擇二十分鐘左右的瑜伽，時間有餘再疊加兩段。有了孩子，被打斷總是猝不及防的。

　　如果這個時候她才醒來，那今天的開端實在太棒了，一切井井有條。我向她道一聲「早安」，她也笑咪咪的。

　　我又開始把孕前囤的精油拿出來嗅吸。我用的全是冬天的味道，雪松、冷杉、側柏，給我無限的關於冬日的想像，

後記　歲末，新手媽媽快滿一年了

也似乎從另一個側面表明了我對如意的肯定 —— 我多半能斷定她不會突然打擾到我 —— 頭幾個月裡，我甚至必須戴著眼鏡入睡，這樣才可以在如意醒來時第一時間跳起來。

有時候我們去溼地邊散步，一邊看飛過的白鷺，一邊靜候大地解凍，潛淵的龍抬起頭來；有時候我們去樹下走路，高大的外形和沉穩的氣味，代表了健康和旺盛的生命力。陪伴，就是這麼一季一季地跟著走下去。寒冷的日子總是意味著寒冷「正在過去」。我們生活在四季的正常執行之中。

電子書購買

爽讀 APP

國家圖書館出版品預行編目資料

新手媽媽第一年！不完美，又如何：從懷孕到哺乳，從高品質陪伴到隔代教養，以親身經歷描繪角色轉變與自我發現 / 蔣瞰 著 . -- 第一版 . -- 臺北市：崧燁文化事業有限公司 , 2024.03
面；　公分
POD 版
ISBN 978-626-394-090-1(平裝)
1.CST: 母親 2.CST: 育兒 3.CST: 自我實現
544.141　113002643

新手媽媽第一年！不完美，又如何：從懷孕到哺乳，從高品質陪伴到隔代教養，以親身經歷描繪角色轉變與自我發現

臉書

作　　　者：蔣瞰
發 行 人：黃振庭
出 版 者：崧燁文化事業有限公司
發 行 者：崧燁文化事業有限公司
E - m a i l：sonbookservice@gmail.com
粉 絲 頁：https://www.facebook.com/sonbookss/
網　　　址：https://sonbook.net/
地　　　址：台北市中正區重慶南路一段六十一號八樓 815 室
Rm. 815, 8F., No.61, Sec. 1, Chongqing S. Rd., Zhongzheng Dist., Taipei City 100, Taiwan
電　　　話：(02) 2370-3310　　　傳　　　真：(02) 2388-1990
印　　　刷：京峯數位服務有限公司
律師顧問：廣華律師事務所 張珮琦律師

定　　　價：299 元
發行日期：2024 年 03 月第一版
◎本書以 POD 印製